365

외래어
이야기

365

외래어 이야기

우리가 무심코
사용하는 외래어는
어디서 왔을까?

박진호 지음

푸른미디어

전 세계 언어는 약 7,000여 개이다. 이 가운데 문자를 가진 언어는 수십 개에 불과하다. 우리 역시 '한글'이라는 훌륭한 문자를 가지고 있다. 고마운 일이다. 언어와 문자는 같은 것 같지만 다르다. 어떻게 다를까? 언어는 같은 피, 같은 문화를 나눈 사람들만이 쓰는 고유한 의사소통 도구이다. 언어는 비슷할 수는 있어도 같을 수는 없다. 반면 문자는 언어를 옮기는 기호에 지나지 않는다. 따라서 문자는 얼마든지 같을 수 있다. 전 세계 사람이 쓰는 문자가 고작 수십여 개에 지나지 않는 이유가 여기에 있다.

문자는 언어를 실어 나르는 기호에 지나지 않지만 파급력은 훨씬 더 크다. 때로는 둘 사이의 관계가 역전되기도 한다. 다시 말해 언어가 문자를 만들어내기도 하지만 문자가 새로운 언어를 만들어내기도 한다는 뜻이다. 인류는 다양한 언어를 탄생시켰지만 문자만큼은 공유했다. 문명의 발상지라 일컫는 그리스 문자의 기원은 현재의 레바논 지역 일대에서 살던 페니키아 인들이 쓰던 문자였다. 로마제국이 쓰던 라틴문자 역시 마찬가지다. 결국 현대의 영어 역시 라틴문자의 영향을 받은 문자이므로 뿌리는 페니키아 문자라고 보아도 무리는 없다.

이렇듯 문자의 뿌리를 거슬러 올라가면 한두 개의 나라에서 시작되었다는 것을 알 수 있다. 오늘날 우리가 쓰는 외래어 대부분이 고대 그리스어나 고대 라틴어에서 유래했다는 사실은 무척 흥미롭다. 물론 고대 프랑스어나 독일어 역시 작지 않은 비중을 차지하고 있지만 대부분은 그리스와 로마에 살던 사람들이 쓰던 문자에 기초를 두고 있다. 그 이유는 무엇일까?

페니키아가 상인들이 전 세계를 누빌 때 그리스는 대단한 나라가 아니었다. 로마는 있지도 않았다. 하지만 그리스가 강대해지자 페니키아라는 이름은 싹 지워졌다. 머지않아 찬란하던 그리스 문명도 로마의 말발굽 아래 무너져 내렸다. 그리고 오랜 세월 서양은 로마와 동의어였다. 이렇듯 문화뿐 아니라 문자 역시 힘의 논리에 의해 전파되고 발전한다.

문자의 발생 과정을 더듬어 올라가다 보면 우리는 뜻밖의 즐거움과 마주친다. 문자 하나하나에는 드라마틱한 인간의 삶과 고뇌, 그리고 힘의 논리가 깃들어 있다. 문자의 기원을 찾는 일은 곧 인류 문명의 역사가 어떻게 발전해 왔는지를 찾는 것과 같다. 외래어를 공부하는 것은 곧 세계 역사를 공부하는 것이다. 그러니 외래어를 쓰지 말자거나 외래어를 배척하자는 고리타분한 이야기에 귀를 기울이기보다 이제는 더 넓은 세계를 공부하고 이해한다는 차원에서 외래어를 바라봐야 한다. 부디 이 책이 그러한 시작의 밑거름이 되었으면 좋겠다.

차 례 ● CONTENTS

365

외래어
이야기

SF는 '사이언스 픽션science fiction'의
약자로 공상과학을 소재로 한 소
설이나 영화를 가리키는 말이다.
SF의 거장 아이작 아시모프와 천
체물리학자 칼 세이건은 요하네스 케플러가 쓴 〈솜니움〉을
최초의 SF로 여긴다. 달 여행과 달에서 바라본 지구를 묘사한
장면이 나오기 때문이다. 이후 메리 셸리의 〈프랑켄슈타인〉
과 〈최후의 인간〉은 SF를 하나의 장르로 만드는 데 결정적인
역할을 했다. 1926년 세계 최초의 SF전문지 〈어메이징 스토
리즈〉를 창간한 휴고 건즈백이 마침내 'science fiction'이라
는 조어를 만들어 세상에 알리면서 SF 장르의 시대가 열렸다.
SF는 하드 SF와 소프트 SF로 나뉜다. 하드 SF는 엄격한 과학
적 사실에 기반을 둔다. 반면 소프트 SF는 과학적 소스 외에
심리, 정치, 사회, 인류학과 같은 여러 분야를 아우르는 좀 더
넓은 의미의 SF라 할 수 있다.

가십
gossip

002

가십Gossip은 '근거 없는 이야기', '흥미 위주의 뜬소문', '잡지, 신문 등의 내막 기사內幕記事' 등을 가리키는 말이다. 이 단어의 변화 과정을 살펴보면 고대 영어에서는 gossip을 godsibb으로 표현했는데, god은 '신神', sibb은 '~에 관계가 있다'라는 뜻이다. 그러므로 gossip은 '신과 관계있는 사람'이라는 뜻을 나타낸다. 실제로 대부代父를 가리키는 말로 사용하였다. 그러다 차츰 '허물없는 사람', '친구'라는 뜻으로 바뀌었다. 이것이 다시 '허물없는 사람들과의 부담 없는 대화'라는 의미를 거쳐 '촌평', '뜬소문'을 가리키는 말로 바뀌었다. 오늘날에는 TV와 인터넷이 발달함에 따라 일반적인 소문뿐만 아니라 정치인, 스포츠 선수, 작가, 연예인과 같은 유명 인사의 뒷이야기까지 포함한다.

가톨릭Catholic은 고대 그리스어 카
톨리코스Katholikos에서 유래한 말
로, '보편적인', '일반적인'의 뜻을
지닌다. 고대 그리스 시대에는 카

톨리코스라는 단어가 여러 분야에서 두루 사용되었다. 이후
1세기가 끝날 무렵부터 안티오키아 주교였던 성 이냐시오가
그리스도교를 가리키는 특정한 말로 사용하기 시작했다. AD
380년에는 로마 황제 데오도시우스가 기독교가 로마의 국교
로 세웠을 때 교황을 중심으로 하는 교회를 가리켜 '가톨릭교
회'라 부르기 시작했다. 종교개혁 이후에는 개신교Protestant와
구분하여 구교舊敎를 가리키는 단어로 사용되었는데, 가톨릭
교회의 교리와 신앙이 만인에게 보편적인 진리로 받아들여지
기를 바라는 마음이 담겨 있다.

개그
gag

개그Gag는 원래 명사로 '재갈'을 뜻하고, 동사로 '입을 막다'라는 뜻을 의미한다. 목구멍에 이물질이 걸렸을 때 '캑gag!'하고 소리 내는 의성어에서 유래했다. 이 개그가 '익살'을 뜻하는 말로 쓰이게 된 이유는 아마도 '캑'하고 소리 내는 동작이 익살스러웠기 때문으로 추정된다. 개그는 희극이라는 연극에 바탕을 두지만, 정식 무대나 소도구에 크게 의존하지 않고 동작이나 말재주로 웃기는 연극이다. 길이도 짧은 것이 일반적인 특징이다. 우리나라에서는 1970년대부터 TV 방송을 위한 쇼의 한 부분으로 발달하기 시작하여, 1990년대에는 과장된 몸동작의 연기로 웃기는 코미디보다 말재주로 웃기는 개그가 더 인기를 끌었다. 코미디언 전유성이 '개그맨'이라 단어를 처음 사용한 것으로 알려졌다.

18

갭Gap은 원래 '격차'나 '간격'을 뜻하는 주식용어로, 주가가 갑자기 폭등하거나 폭락할 때 차트 상에 나타나는 빈 공간을 가리킨다. 이는 뜻하지 않은 호재나 돌발적인 악재로 전날 최고가보다 더 오르거나 최저가보다 더 하락할 때 발생하는 현상이다. 오늘날에는 주식뿐만 아니라 사람 간, 집단 간, 현상 간에 존재하는 간격이나 차이를 이르는 말로 널리 사용된다. 청바지와 셔츠로 유명한 동명의 의류 브랜드가 있다. 공동창업자인 도리스 피셔는 '세대 차이'라는 뜻의 'generation gap'을 제안했고 이것이 받아들여져 'GAP'이라는 브랜드 이름이 탄생했다고 한다.

갱Gang은 죄수, 노예, 막벌이꾼과 같은 사람의 집단을 가리키는 말이었다. 이후 범죄자 집단을 뜻하는 말로 바뀌었다. 우리나라에서는 보통 흉악하고 무법의 전문 범죄자를 뜻하는 단어로 사용되고 있는데, 사실 더 정확한 영어는 갱스터gangster이다. 오늘날 미국 각 도시에서는 기업 형태로 조직을 형성하여 활동하기도 한다. 범죄자 집단으로서의 갱은 1800년대부터 미국의 뉴욕, 샌프란시스코, 시카고, 뉴올리언스 등의 큰 도시에서 흔히 볼 수는 미국의 사회현상으로서 두드러졌다. 20세기에 들어 제1차 세계대전 이후의 사회 변화 즉, 금주법 시행, 자동차의 발달, 총기류의 일반 보급, 범죄에 대한 대중의 무관심, 도시의 급속한 팽창 등이 갱의 체질을 변화시켜 조직적인 범죄 집단으로 발전했다.

게릴라Guerrilla는 정면으로 싸워 승산이 없다고 예측될 때 몇
몇 소부대를 활용하여 적의 허를 찔러 기습 공격하거나 교란
시키는 전법이나 그 부대를 뜻한다. 우리말로 유격대 또는 유
격전이라고 한다. '작은 전쟁'이라는 의미의 스페인어에서 유
래했다. 1808년 유럽을 지배한 나폴레옹이 인접국 스페인을
정복한 후 양민들을 괴롭히자 마드리드 일대 시민들이 몽둥
이와 돌을 들고 봉기했다. 이 폭동은 프랑스군에 바로 진압되
었고, 그 보복으로 수많은 시민이 학살을 당했다. 이를 보다
못한 스페인 청년들이 전국에서 일제히 무기를 들고 산악지
대로 숨어들어 프랑스군과 작은 전쟁을 벌였다. 이러한 스페
인의 저항이 전 세계로 알려지면서 게릴라라는 용어가 국제
화되었다.

게이트
gate

게이트Gate는 정치권력과 관련한 대형의 비리 의혹 사건이나 스캔들을 이르는 말로, 1972년 미국에서 발생한 '워터게이트 사건Watergate Affair'에서 유래했다. 워싱턴 D.C에는 워터게이트라는 장소가 있는데, 이곳에는 호텔, 식당, 사무실 등이들어서 있다. 당시 미국의 대통령이던 닉슨은 재선을 위해 워터게이트 빌딩에 있는 민주당 사무실에 비밀공작반을 침투시켜 도청장치를 설치하려다 발각되었다. 이 사건은 처음에 단순 절도 사건처럼 보였지만, 워싱턴포스트지의 젊은 기자 두명이 내막을 파헤치면서 실체가 드러났다. 결국 대통령 재선에 성공한 닉슨은 대통령에서 물러나야 했다. 이 워터게이트사건을 시작으로 대형의 정치적 비리 사건을 가리킬 때 흔히 'ㅇㅇㅇ 게이트'라고 부르게 되었다.

골프golf의 어원은 스코틀랜드어
'goulf치다'이다. 골프가 어떻게 시
작되었는지 알려주는 정확한 사료
는 없다. 다만, 네덜란드 아이들이
실내에서 즐기던 놀이가 스코틀랜드로 넘어가 현대적 의미의
골프가 되었다는 설이 유력한 후보로 받아들여지고 있다. 15
세기 스코틀랜드에서 골프가 유행하자 국왕 제임스 2세는 골
프를 금지시키기도 했다. 1744년 스코틀랜드의 젠틀맨 골프
회에서 골프 규칙이 만들어졌고, 이를 기점으로 정식 스포츠
로 발돋움했다. 이후 미국으로 건너가 비약적인 발전을 이루
어냈다. 대표적인 골프 대회인 PGA와 LPGA 모두 미국에서
만든 대회이다. 우리나라는 1900년 함경남도 원산 세관에서
일하던 영국인들이 세관 안에 6홀 경기장을 만들어 놓고 즐
긴 것이 최초이다. 최초의 골프 클럽은 1924년 경성에서 창
설한 골프 구락부클럽이다.

그랑프리
grandprix

그랑프리grandprix는 고대 프랑스어로 '큰 상'이라는 뜻이다. 지금은 각종 대회에 이 단어를 붙이는 경우가 많아 '상'의 개념보다는 '대회'의 개념으로 널리 쓰인다. 대표적인 그랑프리 대회로 '포뮬러 원'이라 부르는 국제 자동차 경주대회가 있다. 포뮬러 원은 운전석 하나에 바퀴가 겉으로 드러난 오픈휠 형태의 포뮬러 자동차를 타고 레이스를 벌이는 자동차 경주 종목을 말한다. 약어로 'F1'이라 불린다. 1950년부터 시작한 대회로 자동차 경주 가운데 가장 오랜 역사를 자랑한다. 그랑프리하면 빼놓을 수 없는 영화제가 있다. 바로 프랑스의 대표적인 영화제이자 세계 3대 영화제인 '칸 영화제'이다. 가장 큰 상인 황금종려상 다음으로 권위 있는 상이 그랑프리다. 2004년 박찬욱 감독의 '올드보이'가 이 상을 받았다. 그리고 2019년 봉준호 감독의 '기생충'이 대망의 황금종려상을 받았다. 이래저래 '칸 영화제'는 우리와 인연이 깊은 영화제이다.

그로기
groggy

그로기Groggy는 권투 시합에서 상대방의 강한 펀치에 얻어 맞아 정신이 몽롱해지거나 다리가 후들거리는 상태 또는 몹시 피곤하거나 취해서 비틀거리는 상태를 말한다. 오늘날에는 경제적 악화나 정치적 혼란 상황에 직면한 경우에도 그로기라고 표현한다. 18세기 영국의 해군 제독인 에드워드 바논은 성글게 짠 그로그램grogram이라는 천의 망토를 늘 입고 다녔다. 이 모습 때문에 부하들은 그로그 영감님old grog이라는 애칭으로 불렀다. 바논은 과음으로 인한 안전사고에 대비하여 함 내에서는 반드시 물을 탄 럼주를 마시도록 했고, 수병들은 이를 달가워하지 않았다. 물에 탄 술을 바논의 애칭에 빗대어 그로그grog라고 했고, 이후 술 마시고 비틀거리는 상태를 그로그grog라는 단어에 y를 붙여서 그로기groggy라고 표현하기 시작했다.

그리스도
Christ

012

그리스도Christ의 어원은 그리스어인 크리스토스Kristos로, '기름 부음을 받은 자'라는 뜻이다. 히브리어로는 메시아messiah라고 하고, 영어로는 크리스트christ라고 하는데 이 말이 우리나라로 넘어오면서 '그리스도'가 되었다. 예수 탄생 이후로는 그리스도라는 일반명사가 곧 예수를 가리키는 말로 굳어지면서 '예수 그리스도Jesus Christ'라는 복합명사로 변했다. 기독교에서는 예수 그리스도를 메시아로 생각하지만, 같은 뿌리인 유대교에서는 예수를 메시아로 인정하지 않는다. 우리가 흔히 말하는 크리스마스는 라틴어 '그리스도chirstus'와 '미사모임, massa'가 합쳐진 말이다. 그리스도의 탄생을 축하하는 모임이라는 뜻이다.

기네스북guinness book의 기네스는 아일랜드 맥주회사의 이름이다. 창립자인 아서 기네스arthur guinness의 이름에서 따왔다. 창립자의 4대손 휴 비버는 특이한 기록을 찾아 책으로 만들었는데, 자신의 맥주회사 이름인 기네스를 책의 이름으로 썼다. 이것이 바로 오늘날 우리가 아는 〈기네스북〉의 시작이다. 첫 책은 1955년 발간되었다. 이 책은 사진과 그림이 곁들여진 198페이지의 호화 양장본이었다. 기네스북 자체도 가장 많이 팔린 연속 출간물이라는 기록을 가지고 있다. 영국 내 도서관에서 가장 많이 분실되는 책이기도 하다. 지금은 70여 나라에 판매되고 있으며, 22개 나라의 언어로 출간되고 있다. 기록을 세운 사람이 직접 신청해야 한다. 기록을 세우고도 가만히 있으면 기네스북에 등재되지 않는다. 따라서 기네스 기록이 진정한 최고 기록인지는 알 수 없다.

나르시시즘
Narcissism

나르시시즘Narcissism은 정신 분석학적으로 풀이하면 '자기애 自己愛'를 뜻한다. 지나치게 자신을 뛰어나다고 믿거나 자기중 심적으로 행동하는 것을 말한다. 1899년 독일의 정신의학자 폴 네케P. Neke가 물에 비친 자신의 모습에 반하여 익사한 뒤 수선화가 된 그리스신화 속 미소년 나르키소스 이야기와 연 관 지어 처음 사용한 말이다. 이 말이 널리 알려진 것은 1914 년 지그문트 프로이트가 발표한 〈나르시시즘 서론〉을 통해서 이다. 프로이트는 나르시시즘을 인격장애의 하나로 보았다. 자신을 극도로 사랑하는 만큼 자신이 부족하다고 느끼면 다 른 사람보다 더 깊은 절망에 빠지기도 한다. 또한, 타인의 처 지는 고려하지 않고 자기중심적으로 생각하기 때문에 인간관 계가 평탄하지 않다.

나이트
knight

나이트knight는 고대 영어로 '시종, 하인'이라는 뜻이다. 나이트기사는 중세 봉건시대의 지배계급 중 하나이다. 귀족에 속하지만 제일 하급 귀족이다. 기사가 되는 과정은 정해져 있었다. 7세 때 심부름꾼 노릇을 시작으로 12세 정도가 되면 본격적인 기사 수업을 받는다. 수업이 끝나면 영주의 집에서 일을 했다. 능력이 되면 돈을 마련하여 기사가 갖춰야 할 장비를 구입해 기사 작위를 받았다. 십자군 전쟁 때 최초의 기사단이 만들어졌다. 이때 활약한 유명한 기사단으로 튜튼 기사단, 성전 기사단, 구호 기사단 등이 있다. 중세 말부터 기사 작위를 귀족이나 행정관리를 비롯하여 여러 분야에서 훌륭한 업적을 쌓은 사람들에게 수여하기 시작했다. 이 전통은 오늘날에도 그대로 유지되고 있다.

016 ● 나일론
Nylon

나일론Nylon이 탄생하게 된 배경에는 다음과 같은 가설이 있다. 발명자인 월레스 홈 캐러더스Wallace Hume Carothers은 심한 우울증으로 고생했고 급기야 자살로 생을 마감했다. 그의 죽음을 애도하는 의미에서 '허무'라는 뜻의 라틴어 니힐nihil과 그의 소속사였던 듀폰Dupont의 단어를 조합하여 만들었다는 것이다. 캐더러스는 듀폰사에 입사하여 인조고무 연구를 시작했고 1935년 드디어 나일론을 탄생시켰다. 1939년 처음 나일론을 상품화하여 양말과 낚싯줄용으로 판매하였다. 안타깝게도 발명자인 캐더러스는 나일론을 상품화하기 2년 전인 1397년에 필라델피아의 한 호텔에서 스스로 목숨을 끊었다. 제2차 세계대전이 시작되면서 나일론은 낙하산, 텐트, 절연체 로프 등의 군수용품에 사용되었다.

내레이션Narration은 라틴어 '내로narro'에서 파생한 것으로 내로는 '말하다'라는 뜻이다. '내러티브narrative'와도 관련이 깊다. 내러티브가 서사적 이야기 즉 낭독의 개념이라면 내레이션은 딱딱한 읽기가 아닌 상대에게 말하듯이 표현하는 일종의 연기와 같다고 볼 수 있다. 때에 따라서는 내레이터가 화면에 직접 나오기도 한다. 특히 다큐멘터리에서 내레이션이 많이 사용되며 드라마의 경우 심리묘사에 큰 효과를 줄 수 있다. 또 연극에서는 도입부나 장면전환 등에 활용된다. 화면 밖에서 목소리를 통해 해당 장면을 해설하는 경우가 많다. 보수도 좋고 기량을 발휘할 여지가 많아 성우들이 가장 선호하는 분야이다. 내레이션을 하는 사람을 '내레이터narrator'라고 부른다.

냅킨Napkin은 내프nap라는 단어에 '작은 것'을 뜻하는 킨kin을 붙여 만든 말이다. 원래 냅킨은 테이블을 덮는 천을 이르는 말이었다. 15세기까지만 해도 유럽에서는 손으로 식사를 했으며, 식사를 마치면 손을 씻은 뒤 하인들이 어깨에 걸치고 있는 내프nap라는 천에 손을 닦았다. 17세기에 들어 포크를 사용하게 되면서 내프는 단지 입 닦는 데만 쓰여 그 크기가 작아지고 고급화되었다. 처음에는 영국 상류층 연회에서 면직포나 리넨으로 만든 것이 주로 사용되었다. 그러다 1895년 빅토리아 여왕의 외조카 로저 해럴드 경이 주최한 왕립천문학협회 신년 만찬에서 종이 냅킨이 처음 사용되었고, 그 이후 오늘날처럼 다양한 종류로 발전하였다.

넘버 number 의 어원은 라틴어 'numerus'이다. '수, 조화'를 일컫는 단어이다. number를 줄여서 'no.'라고 쓰는데 이것 역시 라틴어 'numero'의 줄임말이다. 'no. 1'은 제일 첫 번째라는 뜻이다. 스포츠 경기에서 최종 우승자가 될 때까지 남은 경기 수를 '매직넘버'라고 부른다. 예를 들어 매직넘버 '2'는 앞으로 두 경기만 이기면 우승 확정이라는 뜻이다. 정치에도 매직넘버가 있다. 투표에서 승부를 결정짓는 기준인 '과반이 되는 수'나 '득표수'를 매직넘버라고 부른다. 화학에서 매직넘버는 원자핵이 안정화되는 양성나자 중성자 수를 의미한다. 많은 사람이 '수'와 '숫자'를 혼동한다. '수'는 양을 기술하는 추상적 개념이고, '숫자'는 수를 표시하는 기호일 뿐이다. '1,2,3,4'가 숫자라면 '유리수 실수 정수'가 수이다. 수는 보다 넓은 개념이다.

네온
Neon

네온Neon은 '새롭다'라는 뜻의 그리스어 '네오스neos'에서 유래했다. 1898년 영국의 화학자 윌리엄 램지William Ramsay와 모리스 트래버스Morris Travers가 발견한 원소가 네온이다. 원소를 분류할 때 방전관에서 나오는 아름다운 주홍빛을 본 램지의 아들이 그 새로움에 반해 '네온'이라고 부를 것을 제안했다고 한다. 당시 램지의 아들 나이는 고작 13세였다. 네온은 주위에서 흔히 볼 수 있다. 휘황찬란한 밤거리를 가득 메운 네온사인 간판이 그것이다. 붉은색이 주를 이루지만 비활성 기체를 첨가하면 색을 바꿀 수도 있다. 네온을 헬륨과 섞으면 레이저를 만들 수 있다. 프린터, 바코드 스캐너, 포인터와 같은 것들이 바로 이 레이저 기술로 만들어진 제품이다.

네티즌Netizen은 인터넷Internet의 '네트net'와 시티즌citizen의 '이
즌izen'을 합쳐서 만든 합성어로, 인터넷 통신망을 하나의 사
회로 보고 그 사회에서 활동하는 사람들을 일컫는 신조어이
다. 미국 컬럼비아대학의 마이클 하우벤Michael Hauben 교수가
네티즌이라는 단어를 처음 사용하였다. 그는 네티즌이라는
개념이 단순히 인터넷 통신망을 이용하는 사람들을 일컫는
것이 아니라 통신망에서 문화를 만들어내고 이를 가꾸어가는
사람들을 가리키는 함축적인 개념이라고 했다. 우리나라에
서는 '누리꾼'으로 순화하여 쓰도록 권장하는데, 세상을 뜻하
는 '누리'와 전문인을 뜻하는 '꾼'을 합친 말로, 합성어 네티즌
을 매우 적절하게 순화했다고 볼 수 있다.

넥타
Nectar

넥타Nectar는 식물에서 나오는 꿀이나 맛있는 음료를 가리키는 말이다. 원래 그리스 신화에 나오는 신神들이 마시던 불로주不老酒의 이름이었다. 그들은 신들의 음식인 암브로시아를 먹고 넥타를 마셨다. 암브로시아를 먹고 넥타를 마시면 누구나 영원한 생명을 얻고 젊음을 되돌릴 수 있다고 한다. 미의 여신 아프로디테비너스는 자신이 사랑한 아름다운 소년 아도니스가 죽자 그의 몸에 넥타를 뿌렸다. 그러자 아도니스는 아네모네 꽃으로 변했다고 한다. 넥타는 달콤한 적포도주의 맛이었을 것으로 추측하며 향기가 좋아 음료뿐만 아니라 향수로도 사용했다고 한다. 오늘날에는 화밀花蜜이나 감미로운 과실음료를 가리키는 일반명사로 쓰인다.

노블레스
noblesse

노블레스Noblesse는 '귀족들이 지켜 야 할 의무'라는 뜻의 프랑스어 '노 블레스 오블리주noblesse oblige'의 줄 임말이다. 초기 로마의 왕과 귀족

들은 솔선수범과 절제된 행동으로 국가의 초석을 다졌다. 특 히 포에니전쟁 때는 전쟁 세금을 신설하여 재산이 많은 원로 원 의원들이 앞장서서 세금을 부담했다. 또 평민보다 먼저 전 쟁터에 나가 나라를 위해 목숨을 바쳤다. 이러한 '귀족들의 솔선수범하는 미덕'은 중세와 근대 사회에서도 조직을 이끄 는 리더십의 표준이 되었다. 실제로 근현대 전쟁에서 상류층 이 조국과 민족을 위해 솔선수범한 예가 많다. 프랑스의 작가 가스통 피에르 마르크Gaston pierre Marc가 1808년에 쓴 '상류층 의 도덕적 의무'에서 이 용어를 사용하면서 널리 알려지게 되 었다.

024 노스탤지어
nostalgia

노스탤지어Nostalgia는 그리스어 '고향'이라는 뜻의 노스토스 nostos와 '고통'이라는 뜻의 알지alg가 합쳐진 말이다. 지난 시절에 대한 그리움이나 향수병을 가리킨다. 1688년 오스트리아 의학도 요하네스 호퍼Johannes Hofer가 스위스 병사들의 고향에 대한 그리움을 묘사하기 위해 만들었다. 그리스어 노스탈지nostalg가 프랑스로 건너가 노스탈지에nostalgie가 되고, 이것이 영어 노스탤지어nostalgia로 바뀌었다. 바람에 나부끼는 깃발을 보고 '이것은 소리 없는 아우성, 저 푸른 해원을 향해 흔드는 영원한 노스탤지어의 손수건'이라고 표현한 유치환 시인의 멋진 시구는 언제나 우리를 원초적 노스탤지어로 이끈다.

뉘앙스Nuance는 '색의 차이'를 의미하는 프랑스어이다. 색감의 미세한 차이를 언어로 표현하기가 어려울 때가 많다. 예를 들어 빨간색이라도 연한 분홍색에서 진한 빨간색까지 수많은 색상이 있지만, 이를 일일이 말로 표현하기 어려울 때가 있다. 그뿐만 아니라 명도나 채도까지 고려하면 빛깔에 따라 붙여진 색의 이름은 무의미하게 보이기까지 한다. 뉘앙스는 이처럼 색채의 미세한 변화와 차이를 의미하지만, 차츰 일상용어로 확대되어 미술뿐만 아니라 언어, 소리, 감정, 의미 등에서의 미세한 차이도 뉘앙스라고 표현하게 되었다. 정치인이나 언론인처럼 국민이나 대중을 상대로 말을 쏟아 내는 사람들의 경우 특히 말의 뉘앙스에 신경을 써야 한다. 단어나 문장의 미세한 차이가 큰 파장을 불러올 수도 있기 때문이다.

니코틴
Nicotine

니코틴Nicotine은 담배 식물종의 이름이다. 1560년 포르투갈에 주재하던 프랑스 대사 쟝 니코Jean Nicot는 아메리카 대륙에서 건너온 진귀한 식물에 흥미를 갖게 되었고, 그 종자를 가지고 귀국하여 이를 심었다. 이것이 바로 담배tobacco였는데, 이 식물을 니코 대사의 이름을 따서 니코티아나nicotiana라고 불렀다. 그리고 이 식물이 가진 독성 수액을 니코틴이라고 했다. 니코틴은 독일 화학자인 포셀트와 라이만에 의해 처음으로 추출되었다. 니코틴은 알칼로이드 성분으로 주로 담배나 토마토 같은 가짓과 식물에 들어 있으며, 신경을 마비시키고 흥분을 일으킨다. 흥분 유발 효과가 지속되면 뇌 속 도파민이 과도하게 분비하여 중독 현상이 일어난다.

니힐리즘
Nihilism

니힐리즘Nihilism은 '무無'를 뜻하는 라틴어 '니힐nihil'과 '주의主義'
를 뜻하는 어미인 '이즘ism'을 붙여서 만든 말이다. '허무주의'
를 뜻한다. 엄밀한 의미에서 니힐리즘은 절대적인 진리나 가
치, 도덕은 존재하지 않는다고 보는 입장이다. 회의주의나 염
세주의, 무정부주의도 니힐리즘의 일종이다. 19세기 후반 도
스토옙스키, 니체 등의 사상에 니힐리즘이 반영되었고, 20세
기에 들어서 이 개념이 급속히 확산하였다. 니힐니즘은 두 가
지가 있다. 일체의 주의나 주장을 부정하고 인생에는 어떠한
의미도 없다고 보는 견해의 하나로 순간의 쾌락을 추구하는
극단적인 집단이 있는가 하면, 무無를 무無로 받아들임으로써
자유로운 삶과 평안의 길을 모색하려는 또 다른 형태의 집단
이 있다.

다이너마이트
Dynamite

다이너마이트Dynamite의 어원은 그리스어로 힘을 나타내는 '다이나미스dinamis'이다. 다이너마이트를 개발한 알프레드 노벨Alfred Nobel이 자기 상품에 이 이름을 붙이면서 유명해졌다. 처음에는 말 그대로 폭약의 상품명이었으나 지금은 폭약 자체를 가리키는 보통명사로 굳어졌다. 니트로글리세린은 액체 상태일 때 외부의 힘에 매우 예민하게 반응할 뿐만 아니라 폭발력이 강하여 취급하기에 매우 위험하다. 그런데 1866년 알프레드 노벨Alfred Nobel이 액체 상태의 니트로글리세린을 규조토에 흡수시킴으로써 안전하게 취급할 수 있는 가소성可塑性 폭약으로 전환하는 데 성공했다. 그는 1867년 미국과 영국에서 특허권을 획득하였다. 노벨은 다이너마이트 덕분에 많은 돈을 벌었지만 많은 사람의 죽음을 직접 눈으로 목격하면서 심적 고통을 겪기도 했다. 그 자책감으로 '노벨상'을 만들었다고 한다.

다이아몬드
Diamond

다이아몬드Diamond는 그리스어 '아 다마스adamas'에서 유래했다. 그리 스인은 불에 녹지 않는 단단한 철 합금을 아다마스라고 불렀는데,  이는 '견고한 것, 강한 것, 정복할 수 없는 것'이라는 뜻도 가 진다. 재미있는 사실은 '영원한 사랑'을 표현할 때도 그리스인 은 아다마스라는 말을 사용한다는 것이다. 영원한 사랑은 강 하면서 정복될 수 없는 것이라고 보는 그리스인들의 사랑관 을 엿볼 수 있는 대목이다. 오늘날 세계 여러 나라에서 남녀 가 결혼할 때 다이아몬드 반지나 목걸이를 주고받는 풍습이 있는데, 이 역시 그 무엇으로도 꿰뚫거나 녹일 수 없는 다이 아몬드의 속성처럼 두 사람의 사랑이 영원히 손상되지 않기 를 바라는 염원에서 유래했다.

다이어트
diet

다이어트Diet는 '균형 잡힌 식이요법'을 뜻한다. '생활방식'을 의미하는 그리스어 '다이아타diata'에서 유래했다. 따라서 어원상으로는 다이어트가 살 빼기와는 무관하다고 볼 수 있다. 원래 보조치료의 한 종류에 불과했으나 삶이 풍요로워지고 건강과 몸매에 신경 쓰기 시작하면서 다이어트 요법식이요법이 유행하기 시작했고, 점차 '살 빼기'와 동의어가 되었다. 사람마다 차이가 있음에도 모든 사람이 비슷비슷한 방법으로 살을 빼려고 한다. 그러다 보니 어떤 사람은 살이 빠지고 어떤 사람은 전혀 빠지지 않는다. 반드시 체질과 생활방식 체크가 우선되어야 한다. 무리한 다이어트는 오히려 건강을 해치기도 하는데 다이어트를 하는 사람 대부분은 소화불량, 위염, 변비 가운데 하나로 고생한다.

다큐멘터리Documentary의 어원은 라틴어 '도큐멘툼documen tum' 이다. '문서, 증서'를 뜻하는 말이다. 오늘날 다큐멘터리는 글 이나 사진이나 영상을 이용하여 만든 '허구가 아닌 현실을 기 록한 기록물'을 말한다. '어떤 사건이나 문화 현상의 실제적 모습과 가치 등을 예술적 형식으로 기록하거나 묘사한 것'이 라는 사전적 정의도 있다. 프랑스에서는 여행을 기록하는 좁 은 의미의 '도큐멘타이레documentaire'라는 말이 있었다. 이것 이 영국으로 넘어오면서 의미가 확대되어 영화나 문학, 사진 으로까지 두루 쓰이는 말이 되었다. 지금은 이에 더하여 방 송이나 출판 그리고 유튜브를 포함한 영상 콘텐츠 전반에서 활발하게 다큐멘터리가 제작되고 있다. 1926년 영화 제작자 존 그리어슨John Grierson이 '다큐멘터리'라는 말을 처음 사용한 것으로 알려져 있다.

다크호스
dark horse

다크호스Dark horse는 의외의 결과를 가져올지도 모르는 말을 가리킨다. 다크호스를 직역하면 '알 수 없는 말'이다. 다크dark 는 '검은, 캄캄한'이라는 뜻이지만 '미지의, 알 수 없는'이라는 뜻도 있다. 다크호스는 정보가 부족해 베일에 가려진 말이 뜻밖의 승리를 거둔다는 의미를 가지고 있다. 영국의 정치가이 자 소설가인 벤자민 디즈레일리Benjamin Disraeli가 자신의 소설 〈젊은 공작〉에서 예상치 못한 말이 우승 후보를 누르고 승리 하는 과정을 그리며 다크호스라는 말을 처음 사용하였다. 오 늘날에는 '뜻밖의 강력한 경쟁상대'나 '실력은 잘 알 수 없지 만 유력하다고 생각되는 경쟁상대'를 가리킬 때 사용한다. 또 한 새로 등장한 기대되는 신인에게도 다크호스라는 말을 즐 겨 쓴다.

다트 dart 는 고대 프랑스어로 '투창'
또는 '화살'이란 뜻이다. 19세기 영
국에서 크게 유행한 실내 스포츠
경기로 숙박업소나 술집에서 사람
들이 즐기던 놀이였다. 다트는 중세 시대 궁술가들의 훈련용
경기에서 유래했다. 다트는 숫자가 적힌 다트판에 다트핀을
던져 점수를 계산해 승자를 가르는 게임이다. 다트판은 코르
크나 느릅나무로 많이 만들었으나 요즘은 중남미에서 자라
는 사이잘삼을 주로 사용한다. 종류로는 고정식과 회전식 전
자식이 있다. 다트핀은 화살촉과 몸통, 그리고 화살대와 화살
깃으로 나뉜다. 다양한 재질이 쓰이지만 핀의 정확도를 고려
하여 몸통만은 금속을 사용한다. 전 세계 사람들이 즐겨 하는
스포츠 게임으로 1976년 국제기구인 세계 다트 연맹이 설립
되었다. 우리나라를 비롯해 100여 개의 회원국으로 구성되어
있다.

달러
Dollar

달러_{Dollar}는 미국의 대표적인 화폐단위로 세계 제 일의 기축통화이다. 체코 동남부 보헤미아 지방의 '성 요아힘_{St. Joachim}'이라는 골짜기 이름에서 유래했다. 1516년 쉬릭 백작이 요아힘 골짜기에서 은광을 발견했다. 이때부터 사람들이 몰려와 촌락을 이루기 시작했고, 이 지역을 단순히 '골짜기'란 뜻의 '다스 탈_{Das Thal}'로 불렸다. 주민이 늘어나자 1519년 루트비히 왕은 이 촌락을 자유 산악도시로 격상시켰고 '요아힘의 계곡'이라는 뜻의 요아힘스 탈_{Joachim's Thal}이라 불렀다. 그 후 1520년부터 이 지역에서 생산된 은으로 은화를 만들었고, 이를 탈러_{Taler}라고 불렀다. 이 은화가 세계 각지로 퍼질 무렵 탈러_{Taler}는 네덜란드식 발음인 달러로 변했고, 미국으로 건너간 청교도들에 의해 오늘날의 달러로 자리 잡게 되었다.

달마시안dalmatian은 크로아티아 달마티아dalmatia가 고향인 개의 품종이다. 덩치가 크고 하얀 바탕에 검은 점박이 무늬가 특징이다. 달마  시안은 고대 그리스 조각에 등장할 만큼 오래된 품종이다. 영국에서 마차를 탈 때나 승마를 할 때 안전을 위해 늘 데리고 다니던 개였다. 1961년 영국 작가 도디 스미스가 쓴 소설을 바탕으로 월트니즈니사가 제작한 〈101마리의 달마시안 개〉로 유명해진 견종이다. 1996년에는 실사 영화가 개봉했고 속편도 크게 성공했다. 영화의 성공으로 달마시안을 키우는 사람들이 늘어났다. 하지만 그만큼 유기견도 늘어나 사회문제가 되기도 했다. 서양에서는 소방관 개로 유명하다. 말과 궁합이 잘 맞아 소방관이 소방 마차를 타고 갈 때 달마시안은 경호나 장애물 제거의 역할을 맡았다.

더치페이
Dutch pay

더치페이Dutch pay는 음식을 함께 먹은 뒤 각자 자기 몫의 음식값을 계산하는 것을 말하며, 더치 트리트dutch treat라고도 한다. 우리나라에서는 더치페이를 많이 사용하지만, 영어권 국가에서는 더치 트리트를 더 많이 사용한다. 더치란 말이 붙은 이유는 영국과 네덜란드가 벌인 전쟁 때문이다. 전쟁 이후 영국인들은 네덜란드를 증오의 대상으로 여겼고 좋지 않은 것에 무조건 네덜란드를 의미하는 '더치dutch'를 붙였다. 예를 들어 더치 액트dutch act는 자살행위를 말하고, 더치옥션 dutch auction은 최젓값으로 거래하는 경매를 말하며, 더치 엉클dutch uncle은 심하게 비판하는 사람을 말한다. 또 더치 바겐 dutch bargain은 한잔하며 맺는 매매계약을 말하고, 더치 컴포트 dutch comport는 반갑지 않은 위로를 나타내는 말이다.

덤핑
dumping

덤핑Dumping의 어원은 'dump+ing'로, 말 그대로 '쏟아버리기, 내버리기'를 뜻한다. 쓰레기 처리장을 덤핑 그라운드dumping ground라고 부른다. 오늘날 이 말은 경제용어로 주로 쓰인다. 이해타산을 무시하고 싼 가격으로 상품을 파는 행위를 말한다. 즉 헐값 판매를 가리키는 말이 되었다. 덤핑 판매는 종종 국제문제로 비화하기도 한다. 수출국이 수입국의 제품보다 싼 가격으로 치고 들어오면 수입국의 제조회사들은 피해를 볼 수밖에 없다. 이에 따라 수입국은 이러한 덤핑 제품에 무지막지한 관세를 붙여 발을 붙이지 못하도록 막고 있다. 이를 '덤핑관세'라고 부른다. 이와 반대인 역逆덤핑도 있다. 과잉 상품의 처분, 국내 가격의 유지, 조업도操業度의 유지, 자기 시장에 대한 제3자의 경쟁 배제, 특정 시장의 확보, 타인의 시장 탈취, 독점이윤의 확보 등을 이유로 덤핑을 한다.

데뷔
debut

데뷔debut는 근대 프랑스어로 '처음'이라는 뜻이다. 사교계나 무대, 문단 등에 신인이 처음 등장하는 것을 말한다. '신인상'을 상 가운데 가장 가치 있는 상이라고 부른다. 그 이유는 다른 상과 달리 단 한 번만 받을 수 있기 때문이다. 한 번의 기회를 놓치면 영영 받을 수 없는 상이 바로 '신인상'이다. 1984년은 미국 NBA미 프로농구 역사에 가장 기억에 남는 해이다. 농구 황제 마이클 조든을 비롯해, 하킴 올라주원, 찰스 바클리, 존 스탁턴이 NBA에 처음으로 발을 디딘 해이기 때문이다. 이들은 한 시대를 풍미했을 뿐만 아니라 모두 농구 명예의 전당에 올랐다. 1984년 NBA 드래프트만큼 뛰어난 신인이 대거 등장한 해도 드물다. 물론 신인상은 마이클 조든이 가져갔다.

데카당스
decadence

039

데카당스decadence는 '쇠퇴, 쇠락'을 의미하는 프랑스어이다. 19세기 프랑스의 상징파 시인들이 자신들을 데카당스라고 부르면서 널리 알려지게 되었다. 데카당스는 로마가 쇠락하면서 나타났던 향락적이고 퇴폐적인 풍조에서 비롯되었다. 한마디로 데카당스는 현실을 버리고 이상을 탐닉하는 예술을 말한다. 대표적인 예술가로는 보들레르, 랭보, 말라르메, 베를렌, 오스카 와일드 등이 있다. 데카당스 운동은 세기말이라는 의미가 더해진 19세기 말에 절정에 달했다. 데카당스는 구시대와 신시대 사이의 과도기적 사상의 하나로 반복적으로 되풀이되는 경향이 있다. 우리나라의 경우 1920년 초반 동인지 문학을 중심으로 데카당스적 사상이 일어났다. 대표적인 문예지로는 현진건, 나도향이 참여한 〈백조〉와 염상섭이 활동했던 〈폐허〉가 있다. 하지만 오래 지속되지는 못했다.

도넛
Doughnut

도넛Doughnut은 '밀가루 반죽'이라는 뜻의 도우dough와 '견과'라는 뜻의 넛nut을 합친 말이다. 달콤한 밀가루 반죽을 호두만 한 크기로 동그랗게 말아서 돼지기름인 '라드'에 튀겨 먹는 음식으로 네덜란드계 미국인이 즐겨먹던 음식이었다. 튀긴 후의 색상이 견과류와 비슷한 갈색인데다 크기도 비슷해서 '밀가루 견과'를 뜻하는 도넛을 붙이게 되었다. 150년 전 한센 그레고리라는 미국인 함장이 배 위에서 도넛을 먹는데 갑자기 폭풍이 불었다. 두 손으로 키를 잡아야 해서 먹던 도넛을 키의 돌출부위에 꽂아 두었으며 이것이 도넛 가운데에 구멍이 생긴 유래라고도 한다. 하지만 지금은 도넛을 구울 때 가운데가 잘 익지 않아 그 부분만 파내고 굽다 보니 자연스럽게 동그란 구멍이 생겼다는 가설이 정설로 받아들여지고 있다.

도미노
domino

도미노domino는 프랑스 성직자들
이 입는 긴 망토를 의미하는 라틴
어 'dominus주님'에서 유래했다.
18세기 이탈리아에서 28개의 골패네

모 모양의 조각에 점을 찍어 만든 패로 하는 놀이를 개발했는데 이때
골패의 모습이 가면무도회에서 입던 외투도미노와 비슷하다
하여 '도미노 게임'이라고 불렀다. 오늘날 '도미노'는 연이어
나타나는 현상을 의미한다. 이 말은 미국의 아이젠하워 대통
령이 처음 썼다. 아이젠하워는 베트남이 공산화하면 주변국
까지 연이어서 공산화할 위험이 있다는 논리를 폈는데 이것
이 바로 '도미노 이론'이다. 도미노 이론은 국제정세 말고도
사회, 경제 전반으로 널리 쓰인다. 대표적으로 '도미노 증시'
가 있다. 특정 사건으로 주식 시장이 한쪽 방향으로 쏠리는
것을 말하는데 최종적으로 주가가 폭락하는 원인으로 작용
한다.

돔
dome

돔Dome은 라틴어 도무스 데이domus dei에서 유래했다. '신의 집'이라는 뜻이다. 이탈리아에서는 주교主敎가 지내는 교회를 두오모duomo라고 하는데, 원형으로 덮은 교회 지붕을 돔이라고 불렀다. 돔은 원시시대의 움막에 그 기원이 있다. 또한 돌, 벽돌 등을 쌓아 올려서 벽을 만드는 조적식 구조로서의 돔은 고대 터키에서 이집트에 이르는 지중해 연안에서 그 기원이 시작되며, 돔을 대규모로 완성한 것은 로마시대 건축에서부터이다. 오늘날에도 아프리카 원주민의 벌집형 주택이나 에스키모의 얼음집에서 원시적인 형태의 돔을 찾아볼 수 있다. 최근에는 삼각형이나 다각형 등 기하학적 돔뿐만 아니라 공기압을 이용한 돔에 이르기까지 다양한 형태가 있다.

드론drone은 고대 영어로 '수컷 꿀 벌'을 뜻한다. 요즘에는 조종사가 탑승하지 않고 무선 조정으로 날 아다니는 비행체를 '드론'이라고  부른다. 윙윙 거리며 날아다니는 모습이 꿀벌과 비슷하게 보 여 붙여진 이름이다. 원래 드론은 군사용이었다. 1, 2차 세 계대전 당시 미국은 정찰용과 폭격용으로 드론을 사용했다. 2000년대 들어오면서 첨단 기술의 발전과 함께 드론은 군사 목적 이외의 용도로 쓰이기 시작했다. 기상, 의학, 과학, 정보 통신은 물론 운송이나 촬영까지 다양한 분야에서 활약하고 있으며, 가정에서 아이들이 가지고 노는 장난감에서 어른들 의 취미생활로까지 확대되었다. 전문가들은 머지않아 1인 1 드론 시대가 올 것으로 전망하고 있다. 하지만 불법 촬영과 같은 악용 사례가 늘고 있는 만큼 법 규정도 신속하게 마련할 필요가 있다.

디럭스
deluxe

디럭스deluxe는 프랑스어 'luxury풍부한, 사치'에 'de'가 붙어 형용사로 쓰이는 단어이다. '호화로운' '사치스러운'이라는 뜻이다. 어떤 물건에 디럭스가 붙으면 무조건 최고 등급이라고 생각하면 된다. 보통 일반판과 디럭스판으로 나누는 경우가 많다. 일반판은 보급판이라고 해서 최소한의 모습만 갖춘 채로 저렴하게 나오는 제품이다. 누구나 경험해 볼 수 있다는 장점이 있다. 반대로 디럭스판은 일반판에 여러 가지 고급스러운 항목이나 제품을 추가하여 비싸게 내놓는 버전으로 마니아나 과시욕이 강한 사람을 타깃으로 한다. 디럭스의 다른 말로는 한정 버전, 특별 기념 버전, 프리미엄 버전 등이 있다. J. R. R. 돌킨 원작의 〈반지의 제왕〉은 여러 버전으로 출시되었는데 그 가운데 가장 최근에 나온 블루레이 얼티밋 컬렉션은 디스크스만 무려 31장이며 고급스러운 퍼즐 박스 패키지와 제작 노트까지 다양한 구성품으로 마니아들을 유혹하고 있다.

디바Diva는 라틴어 디부스divus에서 유래했다. '신성한 분'이라
는 뜻이다. 디부스의 여성형인 디바는 신성한 여자, 즉 여신
이라는 뜻이 된다. '프리마돈나'는 '제1의 여인'이라는 뜻이고
프리마돈나 가운데 가장 뛰어난 재능의 여가수를 디바라고
부른다. 보통 오페라에서 최고 인기를 누리는 소프라노 가수
를 가리킨다. 지금은 디바의 의미가 확장되어 오페라 가수뿐
아니라 영화나 연극, 대중음악 등의 분야에서 활약하는 사람
에게까지 디바라는 호칭을 붙이는데, 20세기 이탈리아 영화
에 등장한 고혹적인 여배우를 디바라고 한 것이 그 시초이다.
미국의 여성 가수 머라이어 캐리, 휘트니 휴스턴, 셀린 디옹
등이 오늘날 대표적인 디바 가수라고 할 수 있다.

디스크
disc, disk

디스크disc, disk는 라틴어로 '원반'이
라는 뜻이다. 파생어로 'discuss토론
하다'가 있다. 현대의 디스크는 얇고
평평한 플라스틱또는 금속 판에 디
지털 형식의 정보를 기록한 저장 매체를 의미한다. LP 레코드
record, CDcompact disc, DVDdigital video disc, 블루레이blu-ray disc가
대표적이다. 레코드는 1948년 콜롬비아 레코드에서 처음 개
발했으며 CD와 DVD는 필립스와 소니가 공동으로 개발했다.
블루레이는 2000년 10월 소니에서 개발했으며 HD DVD와
차세대 DVD 시장을 놓고 경쟁을 벌여 최종 승리자가 되었다.
한편 척추와 척추 사이에 있는 원반 모형의 추간판 역시 디스
크라고 부른다. 이 추간판이 이탈하여 신경을 압박하면 극심
한 통증을 느끼는데 이런 증상을 '추간판 탈출증'이라고 한다.
보통 '허리 디스크' 또는 '척추 디스크'라고 부른다.

디스크자키
Disk jockey

디스크자키(Disk jockey)는 레코드음악을 들려주는 사람을 말한다. 디스크disk는 '레코드판'을 의미하며 자키jockey는 경마의 '기수騎手'라는 뜻이다. 따라서 디스크자키는 기수가 말을 컨트롤하듯 음악을 컨트롤하는 사람을 의미한다. 기수는 말을 다루는 것에서 그치지만 디스크자키는 음악 외에 가벼운 이야기를 보태는 사람이다. 지금의 라디오 진행자를 생각하면 된다. 처음 디스크와 자키를 결합해 신조어를 만든 것은 뉴스위크지이다. 노련한 솜씨로 레코드 기기를 조작하며 음악을 해설하는 새로운 직업이 생겨나자 뉴스위크지의 한 기자가 마치 말을 다루는 기수처럼 레코드를 잘 다룬다고 해서 디스크자키라는 말을 만들었다. 보통 이니셜만 따서 DJ라고 부른다.

디자인
design

디자인Design은 '표현하다, 성취하다'라는 뜻의 라틴어 데시그나레designare에서 유래했다. 디자인의 기원은 메소포타미아 문명이나 그리스 문명까지 거슬러 올라간다. 특히 그리스 예술은 유럽에 많은 영향을 끼쳤다는 점에서 현대적 디자인의 시작점으로 보고 있다. 디자인은 어떤 사람이 무언가를 할 때 마음속에 떠오른 것을 표현한 일반적인 구도나 계획을 말한다. 보통 도안이나 의장意匠을 일컫는데, 관념이 아닌 실체이기 때문에 어떠한 종류의 디자인이든 실체를 떠나서는 생각할 수 없다. 주어진 목적을 달성하기 위해 여러 조형요소 가운데 특정한 것을 선택하여 그것을 합리적으로 구성하고 유기적인 통일감을 얻는 창조 활동이 디자인이며, 그 결과의 실체 또한 디자인이다.

디저트
dessert

049

디저트Dessert는 '치우다, 정리하다'
라는 뜻의 프랑스어 데세르비르des
servir에서 유래하며, 식사를 끝내고
그릇을 치우는 일과 연관이 있다.

서양 요리에는 설탕이나 녹말을 거의 사용하지 않기 때문에
식후에 달콤한 것이 당기고는 한다. 또 지방이 많은 음식을
먹으면 아미노산이 필요해지므로 과일이나 과자가 먹고 싶어
진다. 그래서 식사 후 그릇을 치우는 동안 과일이나 아이스크
림, 과자 같은 단 음식을 먹기 시작했고, 이것이 디저트의 시
초이다. 간식과 혼동하는 사람도 있으나 엄연히 다르다. 간
식은 식사와 식사 사이, 디저트는 식사가 끝난 직후 섭취하는
음식을 말한다. 디저트를 '후식'이라고 부르는 것만 봐도 간식
과 다름을 알 수 있다. 디저트에도 순서가 있다. 더운 음식과
찬 음식이 함께 있을 때는 더운 음식을 먼저 내놓는 것이 순
서이다.

63

050 • 디지털
digital

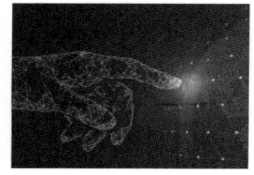

디지털digital은 라틴어 'digit'에서 왔다. 원래 이 말은 '손가락'을 의미했다. 인간이 손가락으로 수를 세기 시작한 이후로 손가락digit은 숫자를 나타내는 말이 되었다. 이것이 현대로 넘어와 숫자의 형태로 저장되는 정보를 '디지털digital'이라고 부르는 계기가 되었다. 연속적인 실수로 표현하는 아날로그 방식과 달리 디지털 방식은 최소 단위의 수를 사용한다. 이렇게 볼 때 모스 부호도 디지털의 한 종류라고 볼 수 있다. 디지털 자료는 복제와 삭제, 그리고 편집이 간편하고 원본과 사본의 질적 차이가 없다는 특징이 있다. 따라서 컴퓨터를 비롯한 대다수의 전자기기가 디지털 방식을 채용하고 있다. 디지털은 중간 값이 아닌 딱 떨어지는 수로 결과를 나타낸다. 대표적으로 전자시계가 있다. 바늘 시계가 1과 2사이에 위치할 수 있는 것과 달리 전자시계는 '1'아니면 '2'로 정확하게 표시한다.

딜레마
dilemma

딜레마Dilemma는 그리스어 '둘'을 뜻하는 디di와 '명제'를 뜻하는 레마lemma가 합쳐진 말로, '두 가지 명제 사이에서 혼란을 겪는 상황'을 일컫는 논리학 용어이다. 이것이 차츰 일상에서 사용되면서 '이러지도 저러지도 못하는 곤란한 상황'을 뜻하게 되었다. 딜레마 이론 중에서 '죄수의 딜레마'와 '프로타고라스의 딜레마'가 유명하다. 죄수의 딜레마는 둘 이상의 죄수를 각각 따로 심문하여 침묵과 자백 둘 중 하나를 선택하도록 했을 때. 대부분의 죄수가 자신의 형량을 줄이려고 침묵보다는 자백을 택한다는 논리이다. 프로타고라스의 딜레마는 프로타고라스가 제자 에우아틀로스와 수업료 문제로 소송을 벌이게 되었을 때 프로타고라스가 펼친 논리를 말한다. 프로타고라스는 자기가 이기면 당연히 수업료를 받고 자기가 지더라도 제자가 변론 수업을 제대로 받았기 때문이므로 수업료를 받아야 한다고 주장한다. 이러나저러나 프로타고라스는 수업료를 받게 된다는 논리이다.

052 라디오
radio

라디오radio는 라틴어로 '빛나다'라는 뜻이다. 원래 라디오는 전파의 변조를 통해 신호를 전달하는 기술무선통신 기술을 일컫는 말이었다. 지금은 오디오 방송을 수신하는 기기를 라디오라고 부른다. 변조 방식에 따라 FM과 AM으로 나뉜다. TV와 달리 간단한 전송 방식 시스템을 갖추고 있어서 재해로 방송국에 문제가 생겨도 라디오 중계만큼은 얼마든지 할 수 있다. 그래서 재해가 발생했을 때 챙겨야 할 도구로 물과 손전등 다음으로 중요하게 취급된다. 본격적인 라디오방송은 1920년 미국에서 시작되었다. 웨이팅하우스사가 세운 KDKA가 100W 출력으로 방송을 송출했다. 이후 TV가 보급되기 전까지 전성기를 누렸다. 우리나라는 1954년 개국한 CBS기독교방송가 최초의 민간 방송국이다.

66

라이벌
rival

라이벌Rival의 어원은 라틴어 '리부스rivus'이다. 리부스는 지금의 강river을 말한다. 강물을 이용하는 주민을 리발리스rivalis라고 하는데, 이 리발리스에서 파생한 말이 바로 라이벌이다. 라이벌은 처음에는 '이웃'이라는 뜻으로 쓰였다. 예나 지금이나 강은 생명의 젖줄이며 마을과 도시가 강을 사이에 두고 이웃해서 형성되기 때문이다. 그런데 물이 풍부하면 그 물을 이용하는 이웃은 친구가 되지만, 가뭄이 들어 물이 귀해지면 물을 두고 싸워야 하는 적이 되어버린다. 그래서 이웃을 뜻하던 말이 점차 '경쟁자, 맞수'라는 의미로 바뀌게 되었다. 우리말에서는 라이벌에 다소 호의적인 느낌을 포함하지만, 영어에는 그런 뉘앙스가 없다.

랑데부
rendezvous

랑데부Rendezvous는 프랑스어 '만나는'을 뜻하는 랑데즈rendez와 '지점'을 뜻하는 부스vous가 합쳐진 말로, '만나는 지점'이라는 뜻이다. 랑데부는 우주과학 용어로서도 많이 활용된다. 두 우주선이 합쳐지거나 우주선이 우주정거장과 도킹할 때 서로 가까이 붙어서 같은 궤도로 비행하는 것을 말한다. 우주선 랑데부가 최초로 성공한 사례는 1965년 3월 미국의 2인용 우주선 제미니 6호와 7호이다. 두 우주선은 정밀한 전자계산기의 도움으로 랑데부를 성공적으로 이끌어냈다. 미국뿐 아니라 전 세계가 우주 정거장 건설에 박차를 가하는 요즘에는 랑데부는 필수적인 기술로 인식된다. 한편 랑데부는 '남녀 간의 밀회'를 가리키는 말이기도 하다. 데이트date가 '날짜'라는 본래의 의미가 아닌 남녀 간의 만남을 의미하는 말로 쓰이는 것처럼 랑데부 역시 같은 맥락에서 이해할 수 있다.

레깅스
leggings

레깅스leggings는 '다리에 붙이는 것'
이라는 뜻이다. 원래는 하체정강이
에 덧입는 옷을 의미했다. 로마시

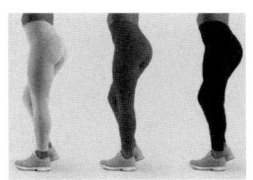

대 군사들의 정강이 보호대나 현
대 군인들이 착용하는 각반이 바로 레깅스였다. 레깅스와 비
슷한 스타일의 옷은 고대부터 존재해 왔는데 그때는 주로 남
성들이 입었다. 현대의 레깅스는 언더웨어의 성격이 강했다.
이후 기능성을 강조한 스포츠 웨어로 발전하여 몸매를 드러
내는 패션 아이템의 하나이자 요가 할 때 입는 옷으로 자리매
김했다. 스타킹과 유사하지만 발끝까지 감싸는 스타킹과 달
리 레깅스는 발목까지만 덮는 옷이다. 레깅스가 유행하기 시
작한 데는 스키니 진의 역할이 컸다. 스키니 진은 딱 달라붙
는 청바지이다. 스키니 진의 유행이 레깅스로 연결된 것이다.
스키니 진을 처음 착용한 사람은 엘비스 프레슬리였다.

레미콘
Remicon

레미콘Remicon은 '반죽된 콘크리트 ready mixed concrete'를 뜻하는 영어의 앞 글자를 따서 만든 말로, 일본의 한 시멘트 회사가 굳지 않은 콘크리트를 상품화하면서 생겨났다. 어원에서 알 수 있듯이 레미콘은 시멘트, 자갈, 모래 등을 공사 현장으로 싣고 가는 도중에 섞어 현장에 도착하면 바로 쓸 수 있도록 만든 콘크리트이다. 콘크리트를 싣고 가는 차량을 '레미콘 차'라고 부른다. 국어사전에는 레미콘을 '양회 반죽'으로 순화하여 사용하도록 하지만, 콘크리트처럼 한번 굳어진 말을 고치기란 쉽지 않다. 세계 최초로 콘크리트 건축법을 사용한 민족이 로마인이며, 레미콘 제조 특허를 최초로 받은 사람은 1903년 독일의 건설업자 J.H. 마겐스이다. 우리나라는 1965년 쌍용양회공업이 서빙고에 최초로 공장을 세웠다.

레볼루션
revolution

레볼루션revolution은 라틴어 're뒤로'와 'volvere돌리다'의 합성어이다. 이 말은 원래 '공전, 회전'이라는 뜻이었다. 이것이 17세기에 들어오면서 정치적 용어인 '혁명'으로 바뀌었다. 처음 '혁명'은 원래 의미대로 통치 형태의 순환을 의미했다. 미국과 프랑스에서 일어난 혁명운동 이후 급진적인 변화를 뜻하는 말로 변했다. 지금은 통치 형태뿐만 아니라 사회경제 전반의 변화까지 포함한 개혁을 뜻하는 말로 쓰인다. 역사상 가장 중요한 혁명은 1789년에서 1799년 사이에 일어난 '프랑스 대혁명'이다. 시민 혁명이라고도 부른다. 프랑스 대혁명에서 가장 중요한 이론적 기반을 제공한 사람은 장자크 루소이다. 루소의 〈사회계약설〉과 〈인민주권론〉은 프랑스 절대왕정을 반대하는 사람들에게 혁명의 정당성을 부여해 주었다. 〈사회계약설〉의 핵심은 왕은 하늘에서 내리는 것이 아니라 백성들이 권리를 위임해 준 자리일 뿐이라는 왕권신수설의 반대인 왕권민수설이다.

레스토랑
restaurant

레스토랑Restaurant은 '기운을 차리다'라는 뜻의 프랑스어 레스토레restaurer에서 유래했다. 프랑스혁명이 일어나기 직전인 1765년 블랑제Boulanger라는 사람이 파리에서 '신비의 스태미나 요리를 팝니다Sells Magical Restoratives'라는 간판을 내걸고 장사를 시작했다. 그는 소와 양의 다리나 꼬리로 수프를 만들어 판매했다. 그가 만든 요리는 순식간에 파리 시민들의 사랑을 받았다. 파리 사람들은 그의 식당을 레스토라티브restoratives라고 불렀다. 한참 잘나가던 레스토라리브에 어느 날 사람들이 찾아왔다. 이들은 그 지역의 식당조합 간부들이었다. 이들은 블랑제가 조합에 가입하지 않았다는 이유로 가게 문을 닫으라고 강요했다. 결국 법정 다툼으로 이어졌고 최종적으로 블랑제가 승소했다. 이 소송으로 블랑제의 식당은 더욱 유명해졌다. 바로 이 레스토라티브가 오늘날의 레스토랑이 되었다.

레임덕Lame duck은 '절름발이 오리'라는 뜻이다. 오늘날 '임기 말 집권자의 권력 누수 현상'을 가리킬 때 사용한다. 18세기 영국 런던의 증권시장에서 빚을 갚지 못해 쫓겨난 증권 거래 원을 비하하여 레임덕이라고 불렀다. 이 말이 미국으로 건너 가 남북전쟁 시 재선에 실패한 현직 대통령이 남은 임기 동안 뒤뚱거리며 걷는 오리처럼 갈피를 잡지 못한다는 의미로 쓰이기 시작했다. 우리말로 '여소야대'라는 말이 있다. 집권 여당의 의석이 야당의 의석보다 적은 것을 뜻한다. 바로 이 여소야대로 인해 대통령의 정책이 의회에서 잘 관철되지 않는 현상을 일컫는 말이기도 하다. 이러한 현상을 오리에 빗대어 사용한 이유는 '이미 쓰러진 오리에 탄약을 낭비하지 말라'는 속담에서 비롯되었다는 해석이 있다.

레크리에이션
recreation

레크리에이션Recreation은 '새롭게 한다'는 뜻의 라틴어 레크리아티오recreatio에서 유래했다. 보통 레크리에이션은 여가 시간에 개인적, 집단적으로 이루어진다. 생존에 필요한 돈 벌로 어쩔 수 없이 해야 하는 노동과 달리 행위 자체에 의미가 부여되는 즐겁고 자유로운 활동이다. 문예부흥기에 인간 개조 필요성을 부르짖던 인도주의자들 모임에서 '여가를 위해 마련된 활동'이라는 뜻으로 처음 사용되었다. 그러다 1911년 미국에서 여가활동을 장려하는 한 사회단체 명칭으로 인용되었다. 이후 1932년 LA에서 열린 '제1회 세계레크리에이션대회' 때부터 공식적인 일반명사로 사용되었다. '노동으로 피로해진 심신을 정상 상태로 회복하기 위해 자유 시간을 이용하여 즐기는 여러 가지 활동'을 일컫는 국제적인 용어로 확대되었다.

렌터카Rent-a-car는 '임대한 자동차'
란 뜻의 영어 '렌트 어 카Rent a car'
를 외래어 표기법에 따라 표기한
말이다. 흔히 쓰는 렌트카Rent car는

잘못된 표현이다. 렌터카 사업을 최초로 시작한 사람은 월터
제이콥Walter jacob으로 1918년 미국의 시카고에서 처음 가게
문을 열었다. 그는 포드 차량 12대로 사업을 시작했다. 우리
나라는 1975년 ㈜대한렌터카가 자동차 30대로 시작한 것이
렌터카의 효시이다. 국내에서는 일반 자동차와 렌터카를 번
호판으로 구분할 수 있다. 렌터카는 차량번호 앞에 오는 한글
을 '하', '허', '호' 3가지만 쓸 수 있으므로 번호판에 이 중 하나
가 적혀 있으면 렌터카이다. 사용자가 필요에 따라 단기로 임
대하는 자동차를 렌터카라고 하고, 1년 이상 장기로 임대하
는 자동차를 리스카lease car라고 한다.

로맨스
romance

로맨스romance는 로마인이 사용했던 라틴어로 쓴 문학을 일컫는 말이다. 로마가 세계의 중심일 무렵 라틴어로 쓴 문학이 인기를 끌었다. 기사와 아름다운 공주의 사랑 이야기를 포함한 모든 라틴어 문학을 'romanic로마닉'이라 불렀고 이 단어가 'romance로맨스'로 변했다. '로맨틱romantic'도 여기서 나온 말이다. '로맨스' 장르는 12세기에서 13세기까지 전성기를 누렸다. 이 당시 '로맨스' 장르는 현대의 '로맨스'와 달리 사랑 이야기가 중심 주제는 아니었고, 기사들의 모험 이야기가 중심 주제였다. 문예사조의 하나인 '낭만주의romanticism' 역시 '로맨스'에서 파생된 말이다. 18세기에 유행한 미술적, 문화적 흐름을 일컫는다. 낭만주의는 계몽주의와 신고전주의의 반대편에 섰으며 이성과 합리성을 거부하고 비현실적인 것과 환상적인 것에 초점을 맞췄다. 다시 말해 이성보다 느낌과 감정을 강조한 문화사조이다.

로봇Robot은 체코어로 '노동'을 뜻 하는 로보타robota와 '노예'를 뜻하 는 로보트니크robotnik에서 따온 말 이다. 1921년 체코슬로바키아의  극작가 카렐 차페크Karel Capek가 쓴 희곡 〈로섬의 만능 로봇 Rosuum's Universal Robots〉에 인조인간을 등장시키면서 처음 로 봇이라는 말을 사용하였다. 이 희곡은 작업능력 측면에서 인 간과 동등하거나 그 이상이지만 인간적인 감정이나 영혼은 없는 인조인간들을 등장시켜 오로지 인간을 위해 일하고 기 능이 다하면 폐기처분되는 로봇들의 사회를 그리고 있다. 이 작품이 세간의 관심을 끌면서 사람들은 인조인간이나 기계 인간에 관심을 두기 시작했고, 로봇이라는 말도 덩달아 널리 퍼져 나갔다.

로비
lobby

로비lobby는 라틴어로 '주랑'이라는 뜻이다. 오늘날 '현관'이라는 의미로 쓰인다. 대형 공공장소의 대합실을 일컫는다. 최근에는 로비를 단순히 손님을 맞이하는 공간에서 회사의 이미지를 강조하는 공간으로 활용하는 기업이 늘고 있다. 구글이나 네이버와 같은 IT 회사가 대표적이다. 한편 로비는 압력단체를 부르는 말이기도 하다. 1946년 미 의회가 법률로 정식 공인한 단체이다. 이들은 국회에서 다양한 로비활동을 펼친다. 로비활동을 하는 사람을 로비스트lobbyist라고 부른다. 로비스트는 집단이나 지역의 이익을 위해 의원을 상대로 공작을 하는 전문가를 말한다. 미국에는 이러한 로비스트가 5천여 명에 달한다. 로비는 국가 간에도 이루어진다. 미국을 상대로 한 로비가 많은데 공교롭게도 1, 2, 3위가 일본, 한국, 중국으로 모두 동아시아 국가이다.

로토 Lotto 는 롯 lot 에서 유래했다.
롯은 '제비뽑기'라는 뜻이다. 라틴
어 '복권 추첨'을 의미하는 로터리
lottery 도 여기서 파생했다. 당첨금
을 현금으로 지급하는 현대식 복권을 말하며, 우리말로 흔히
'로또'라고 표현하는데 '로토'가 외래어 표기법상 올바른 표현
이다. 1530년대 이탈리아 제노바공화국은 매년 추첨을 통해
90명의 정치가들 중 5명의 대표 의원을 선출했는데, 이 영향
으로 피렌체 지방에서 90개의 숫자 중 5개의 숫자를 추첨하
는 '5/90 로토 게임'이 생겨났다. 도시국가였던 피렌체 당국은
여기에 착안하여 공공사업 자금을 마련하기 번호 추첨식 복
권인 '피렌체 로토'를 발행했다. 이 복권이 성공하면서 로토라
는 단어가 복권의 대명사로 사용되기 시작했다.

루머rumor는 고대 프랑스어로 '소문'을 뜻한다. 오늘날 루머는 유언비어나 거짓 소문이라는 의미로 사용된다. '음모론'도 루머의 한 종류이다. 세계적으로 유명한 음모론으로 '미국의 달 착륙 음모론'이 있다. 일명 아폴로 계획 음모론이라 부르는 달 착륙 음모론은 역사가 꽤 길다. 1974년 작가 윌리엄 찰스 케이싱은 〈우리는 달에 가지 않았다〉를 써서 최초로 음모론에 불을 지폈다. 이후 기독교 근본주의자로 활동했던 '찰스 존슨'은 달 착륙 장면을 SF작가 아서 C 클라크가 대본을 쓰고 할리우드 직원이 애리조나에서 촬영했다고 주장했다. 놀랍게도 일본에서 이들보다 먼저 달 착륙 허구 설을 주장한 이가 있었다. 그는 SF작가 쿠사카와 타가시라는 인물로 〈아폴로는 달에 가지 않았다〉라는 작품을 1970년에 발표했다. 오늘날 달 착륙 음모론을 믿는 사람은 거의 없다.

리그
league

리그league는 중세 프랑스어로 '동맹'을 뜻한다. 역사적으로 유명한 동맹으로는 16세기 말 프랑스에서 프로테스탄트인 위그노에 대항하여 만든 가톨릭 동맹인 'La Ligue'가 있다. 현대에는 스포츠에서 여러 팀이 서로 힘을 겨루려고 만든 단체라는 뜻으로 쓰인다. K리그, KBO리그, 프리미어리그 등이 있다. '리그전'은 참가팀 모두가 돌아가면서 한 번씩 겨루는 경기 방식을 말한다. 이와 상대되는 개념으로 '토너먼트 방식'이 있다. 우리말로 승자전이라고 부르는 토너먼트 방식은 중세 유럽 기사들의 결투 방식에서 따왔다. 일 대 일로 겨뤄 이긴 사람은 다른 승자와 겨루고 진 사람은 탈락하는 방식이다. 때에 따라서 두 가지 방식을 혼합하여 경기를 치르기도 한다. 대표적으로 FIFA에서 주관하는 월드컵이 있다. 32개국이 4팀씩 조를 나눠 벌이는 32강은 리그전 방식을 따르고, 이후 16강부터는 토너먼트 방식으로 진행한다.

리베이트
rebate

리베이트Rebate는 라틴어 바뜨레battre에서 유래한 말로, '때리다, 치다'라는 뜻이다. 판매대금의 일부를 사례금 형식으로 되돌려주는 일이나 그런 돈을 의미한다. 바뜨레에서 '쳐서 넘어뜨리다'를 뜻하는 고대 프랑스어 라바뜨레rabattre가 생겨났고, 이것이 영어의 '공제하다, 환급하다'를 뜻하는 리바텐rebaten이 되었다. 리바텐에서 리베이트가 파생되었다. 에누리가 처음부터 요금을 깎는 것을 의미한다면, 리베이트는 일단 요금이나 대금을 정상적으로 지불한 후 다시 일정액을 되돌려 받는 것을 의미한다. 긍정과 부정의 의미가 모두 담겨 있는데, 단골에게 보상을 주어 지속적인 관계를 유지한다는 긍정의 의미와 공정경쟁을 하지 않고 리베이트겸은 돈를 미끼로 타인을 밀어내고 일을 따낸다는 부정의 의미가 있다. 주로 부정의 의미로 많이 쓰인다.

리비도
libido

리비도Libido는 '무엇에 대한 갈망, 욕망, 민감함'을 뜻하는 라틴어이다. 리비도를 처음 쓴 사람은 지그문트 프로이트Sigmund Freud이다. 그  는 인간의 성적 욕망과 관련한 심리학 용어로 이 단어를 사용했다. 그는 무의식적인 성적 충동과 삶의 역동성을 리비도라고 말했다. 프로이트는 인간은 이루어질 수 없는 사랑에 끌리며 그것은 성적 충동에서 비롯된다고 보았다. 리비도는 사람이면 누구나 가지고 있는 내재된 에너지로 평상시에는 이를 억누르며 산다고 말했다. 이로 인해 사람들은 에너지를 다른 곳으로 분산시키는데 이러한 성적 충동의 애정적 경향은 자기애, 가족애, 민족애, 우정 등 사랑의 다양한 형태로 발전하는 것이라고 보았다. 스위스의 정신과 의사인 칼 융Carl Jung은 리비도를 '인간 생명 에너지의 근원'으로 해석하였다.

린치
lynch

린치Lynch는 '법의 절차를 무시하고 개인이 멋대로 가하는 형벌이나 제재'를 뜻한다. 찰스 린치Charles Lynch는 18세기 미국의 서부 개척시대의 버지니아 주 사람으로 치안판사 겸 농장주였다. 그는 자기 이름을 딴 '린치법Lynch's Law'을 제정했다. 린치법은 사적 재판권으로 사회를 혼란스럽게 하는 흉악범들을 다스리기 위해 만든 법이다. 린치 법에 따르면 죄를 지은 죄인이나 흑인은 정식 재판 없이 곧바로 교수형에 처할 수 있었다. 때에 따라서는 가혹한 형벌이 가해지기도 했다. 중세시대의 마녀사냥이나 아프리카에서 흔하게 벌어졌던 채찍질이 대표적인 린치 행위이다. 이러한 린치는 아직도 존재하는데, 중동이나 인도 여성들이 그 대상이다. 본인이 원하지 않는 성폭력을 당했을 때 부모나 형제 혹은 친척들이 피해 여성들에게 오히려 린치를 가해 큰 부상을 입히거나 때로는 죽이기까지 한다. 오늘날 '린치'는 잔인하게 폭력을 가하는 행위를 말한다.

마네킹Mannequin은 이탈리아어 마 니키노manichino에서 유래한 말로 '조그마한 사람'을 뜻한다. 보통 마 네킹이라고 하면 의상용 모델 인  형을 대표적으로 떠올리지만 그 밖에도 미용용 모델 인형, 미 술용 모델 인형, 의술용 모델 인형 등 다양한 형태가 있다. 처 음에는 화가가 인물화를 구상할 때 사용하는 모델 인형을 가 리키는 말로 주로 사용되었으나 차츰 그 적용 범위가 확대되 어 다양한 목적으로 사용되는 모든 인체 모형을 가리키는 말 로 변했다. 마네킹은 인간과 닮은 모습을 하고 있어 기괴한 느낌을 준다. 이 때문에 공포영화나 미스터리의 단골 소재로 자주 등장한다. 대중매체에서 마네킹은 스스로 움직이거나 피눈물을 흘리는가 하면 심지어는 스스로 움직이기도 한다. 하지만 1987년 큰 인기를 모은 영화 〈마네킹〉은 코믹 멜로 영 화이다.

마담
madam

마담madam은 고대 프랑스어 'ma나의'와 'dame숙녀'가 합쳐진 말로 '나의 숙녀'라는 뜻으로 '기혼여성'을 일컫는 말이다. 참고로 미혼 여성은 '마드모아젤mademoiselle'이다. 원래 '마담'은 귀족이나 왕족의 여성을 부를 때 쓰던 호칭이었다. 하지만 오늘날 '마담'은 술집이나 다방에서 일하는 여자를 낮추어 부르는 말로 변질되었다. 프랑스 작가 귀스타브 플로베르가 쓴 〈마담 보바리〉는 실제 사건불륜 사건을 바탕으로 쓴 소설이다. 사실주의 소설의 걸작으로 평가받고 있으며 여러 번 영화로도 제작되었다. 하지만 문학적 가치를 떼어놓고 보면 바람직한 내용은 아니다. 이 작품 이후로 '마담'이 들어가는 영화나 소설을 색안경을 끼고 보는 경향이 많아졌다. 1980년대까지 '유한마담'이라는 말이 유행했는데 돈 많은 유산계급의 부인이 흥청망청 돈 쓰는 모습을 비유한 말이었다.

마라톤Marathon은 아테네시 동북쪽
에 있는 마라톤Marathon이라는 평원
의 이름에서 유래했다. 기원전 490
년 페르시아가 600척의 군함을 이
끌고 그리스를 쳐들어와 아티카 해안의 마라톤 평원에 상륙
해 그리스군을 공격했다. 페르시아는 그리스보다 열 배나 많
은 군사를 이끌고 왔지만 승리는 그리스군에게 돌아갔다. 그
리스가 승리했다는 소식을 아테네 시민에게 알리고자 용사
페이디피데스Pheidippides가 아테네까지 쉬지 않고 달려갔다.
그는 기진맥진한 상태로 아테네에 도착해 승리를 알리고 곧
바로 숨을 거두었다. 이것이 마라톤의 기원이다. 오늘날의 마
라톤 거리는 42.195km이지만 실제로 페이디피데스가 달린
거리는 36.75km였다. 프랑스 언어학자인 미셸 브레알Michel
Breal이 그리스의 숭고한 마라톤 이야기를 기념하는 경주를 열
자고 제안하면서 올림픽에서 마라톤이 시작되었다.

마스코트
mascot

074

마스코트Mascot는 원래 프로방스 지방에서 '마녀'를 일컫는 말이었다. 그 지역 사람들은 마녀를 마스코masco, 작은 마녀를 마스코트 mascot라고 불렀는데, 점차 뜻이 변하여 행운을 가져다주는 다양한 조각상, 상징물, 인형을 가리키는 말로 변화했다. 초기에는 네 잎 클로버, 여우 생식기, 물고기 이빨, 호랑이 발톱 등이 마스코트로 많이 사용되었다. 수호신이나 부적도 마스코트의 하나이다. 애뮬렛amulet이라 불리는 소형 부적이 대표적이다. 오늘날 마스코트는 단체나 회사 제품을 대표하는 이미지화한 캐릭터를 말하며 마스코트가 가장 대중적으로 사용되는 분야는 스포츠이다. 1982년 출범한 프로야구는 마스코트의 대중화에 큰 기여를 했으며 88서울올림픽 마스코트 '호돌이'이는 대한민국 사람이 가장 사랑하는 마스코트로 선정되기도 했다.

마스터master의 어원은 라틴어 'magister'이며 '우두머리'라는 뜻이다. 고대영어에서는 '통제권을 가진 자'라는 의미로 쓰였다. 오늘날 '마스터'는 스승이나 어떤 일에 통달한 자를 말한다. 'maestro마에스트로'로 역시 같은 어원으로 마스터의 이탈리어이다. 원래 마에스트로는 교사, 예술가, 전문가, 장인을 통틀어 이르는 말이었으나 현대에는 지휘자를 지칭하는 말로 축소되었다. 중세 시대의 길드는 상인과 장인의 조합이었는데 여기서 말하는 장인이 바로 마스터이다. 장인은 숙련된 기술자로서 제자들을 재우고 먹이며 가르쳤는데 대부분 10대 소년들이었다. 이들은 대부분 장인을 위해 무보수로 일했다. 5~9년간 교육을 마치면 독립해 나갔다. 기술자를 증명할 만한 작품이나 물건을 만들어야만 장인의 신분으로 올라갈 수 있었고 길드에 가입할 수 있었다. 길들에 들어간 장인은 부와 명예를 동시에 누렸다.

마에스트로
maestro

마에스트로maestro는 이탈리아어로 '대가, 거장'이라는 뜻이다. 어원은 라틴어 'magister'이다. 마스터master와 어원이 같다. 원래 마에스트로는 교사, 예술가, 전문가, 장인을 통틀어 이르는 말이었으나 현대에는 지휘자를 지칭하는 말로 축소되었다. 주로 클래식 음악이나 오페라의 지휘자를 지칭할 때 쓴다. 베토벤의 교향곡 '영웅'은 연주하는 사람의 수가 100명이 넘었다. 악단이 많아지자 이들을 통제할 사람이 필요했고 이 때부터 지휘자라는 이름의 리더가 등장했는데 이것이 지휘자의 시초이다. 드라마 〈베토벤 바이러스〉에서 김명민이 연기한 주인공 별명이 강마에이다. 여기서 마에는 마에스트로의 줄임말이다. 불세출의 축구 스타 지네딘 지단의 별명은 '중원의 마에스트로'이다. 중원에서 경기를 조율하고 지휘하는 역할을 한다는 뜻에서 붙여진 이름이다.

마지노선Maginot line은 프랑스 육군 장관인 앙드레 마지노Andre Louis Reno Maginot의 이름에서 유래했다. 제1차 세계대전 직후 프랑스는 1차 세계대전의 쓰라린 경험을 바탕으로 독일군의 공격을 막기 위한 마지막 한계선을 구축했다. 이 요새를 앙드레 마지노 장군의 이름을 따서 '마지노 요새'라고 불렀는데, 그가 제안한 아이디어였기 때문이다. 1927년 건설을 시작하여 10년 만에 완성한 거대한 요새로 길이만 750km였다, 서울과 부산까지 거리가 대략 400km 정도이다. 지하통로를 이용해 어디로든 이동할 수 있었으며 가장 얇은 방어벽의 콘크리트 두께만 해도 3.5m였다. 하지만 독일군은 이 방어선을 우회하여 벨기에를 침공한 후 국경선을 넘어 프랑스를 기습 공격했다. 마지노선은 돈만 쏟아부은 쓸모없는 요새라는 불명예를 떠안았다.

마진
margin

마진Margin은 '여백', '여유'라는 뜻이지만, 상거래 행위에서 '매매차익'을 뜻하는 말로 더 많이 쓰인다. 경제 용어로 '최저수익, 위탁증거금'의 뜻도 있고, 신문이나 출판 업계에서는 '출판물 각 페이지의 여백'을 마진이라고도 한다. 또 광고업계에서는 '광고대행사가 받는 수수료'를 마진이라고 표현하기도 한다. 일반적으로 매출에서 차지하는 마진의 비율을 '마진율'이라고 하는데 개별 기업은 상품 마진 분석 표를 만들어 마진율을 일목요연하게 정리한다. 마진율은 기업이 사업을 영위하는 데 있어 대단히 중요한 의미를 지닌다. 마진율에 따라 제품의 방향성이 결정되는데 가격을 조정하거나 때에 따라서는 제품이 폐기되기도 한다. 그만큼 마진율은 제품의 생존을 좌우하는 중요한 지표 가운데 하나이다.

마초macho는 스페인어로 '동물의 수컷'을 뜻한다. 요즘 말하는 '짐승남'과 비슷한 의미이다. 라틴아메리카에서는 성적 매력이 물씬 풍기는 남자를 부르는 말이다. 하지만 부정적인 의미도 강하다. 남자다움을 지나치게 강조하다 보니 여성에 대한 우월의식으로 이어져 사회문제를 일으키기도 한다. 여기에서 마초 근성이라는 말이 탄생했다. 마초 근성이란 약자인 여성은 강자인 남성을 복종해야 할 대상으로, 강자인 남성은 약자인 여성을 보호해야 할 대상으로 여기는 사고방식이다. 한 마디로 힘의 논리를 앞세운 이분법적 사고이다. 2004년 스페인 정부는 마초적 행위를 가정폭력의 원인으로 꼽기도 했다. 한편으로 백인이 히스패닉 남성들을 비하할 목적으로 사용하는 단어이기도 하다.

-마타도어
matador

마타도어matador는 철자가 같은 스페인어 '마타도르matador'에서 온 말로 '투우사 또는 살인자'라는 뜻이다. 오늘날 마타도어는 근거 없는 사실을 조작하여 상대를 곤경에 빠트리는 흑색선전을 일컫는다. 소의 급소를 노려 칼로 찔러 죽이는 투우사의 잔인성에서 유래한 말이다. 마타도어는 정치권에서 주로 쓰는 말이다. 큰 선거를 앞두고 있을 때 마타도어가 판을 친다. 상대 후보의 뒷조사를 통해 얻은 티끌만 한 근거를 가지고 집요하게 파고들어 상대에게 흠집을 내는 전략으로 마타도어 전략을 쓰지 않는 캠프는 거의 없다고 해도 무방하다. 정책대결보다 마타도어 대결이 승부를 가를 때가 많기 때문에 선거캠프에서는 정책보다 상대의 흠을 찾는데 심혈을 기울인다. '네거티브'와 비슷한 면이 있지만, 네거티브가 사실에 기초한 주장이라면 마타도어는 근거 없는 중상모략일 뿐이다.

마피아
mafia

081

마피아mafia는 시칠리아의 전통 범죄조직을 일컫는 말이다. 마피아라는 이름은 수세기 동안 무법 상태에 놓였던 시칠리아 섬에서 조직된 사병 조직인 마피에mafie에서 유래했다는 설과 프랑스 앙주 가문에 대항해 싸웠던 시칠리아 기사들이 외친 '프랑스인에게 죽음을'이라는 문구의 앞머리 글자를 따서 취했다는 설이 있다. 지금은 세계에서 가장 유명한 범죄조직으로 명성을 날리고 있다. 사실 마피아는 본토인 시칠리아보다 미국에서 번성하기 시작했다. 1920년 베니토 무솔리니의 파시스트 정권은 군대를 동원하여 마피아 소탕 작전을 벌였고 이때 많은 마피아가 미국으로 도망쳤다. 이것이 미국 마피아의 시작이다. 가장 유명한 마피아로는 '알 카포네'가 있다. 〈스카페이스〉, 〈언터처블〉과 같은 그를 모델로 한 영화가 수없이 만들어졌다. 심지어 마이클 잭슨의 'smooth criminal'의 원천도 이 사람이다.

매거진
magazine

매거진magazine의 어원은 아랍어 'khazana카자나'이며 '쌓아놓다'라는 뜻이다. 이 단어의 복수형 'makhzan창고'이 오늘날 'magazine 잡지'으로 변했다. 처음에는 군수물자를 보관하는 군수창고의 의미로 쓰였다. 특히 군수물자 가운데 탄약을 보관하는 창고를 'magazine'이라 불렀다. 'magazine gun'은 연발총이라는 뜻이다. 1731년 영국의 인쇄업자이자 편집장인 에드워드 케이브가 탄약고를 뜻하는 'magazine'을 처음으로 잡지라는 이름으로 사용했다. 그가 만든 잡지 이름은 〈젠틀맨 매거진〉이다. 다양한 주제에 관한 평론과 기사들을 모은 월간지였다. 〈젠틀맨 매거진〉는 영국 상류층의 상징이 될 정도로 인기가 높았다. 사진이 실린 최초의 잡지는 프랑스의 〈일뤼스트라시옹〉이다. 우리나라에서 처음 발행한 잡지는 1896년 2월에 발행한 〈친목회 회보〉이다.

매너manner는 라틴어 'manus손'에서 온 말이다. '손을 쓰는 방식'이라는 뜻에 가깝다. 지금은 존중의 마음으로 상대를 대하는 '예절'의 의미로 쓰인다. '예절'하면 서양보다 동양을 먼저 떠올리기 쉽지만, 서양의 중세 봉건시대의 예절은 동양과 다를 바 없이 엄격했다. 백년 전쟁에서 활약한 잉글랜드의 흑태자 에드워드는 직접 포로로 잡힌 프랑스 왕의 식사 시중을 들었을 정도로 예의를 중요시했다. 16세기 영국에서는 이탈리아의 예법서가 다수 출판되기도 했다. 가장 널리 알려진 예법서는 이탈리아 외교관 발다사레 카스틸리오네가 쓴 〈궁정론〉이다. 하지만 뭐니 뭐니 해도 예절을 가장 중요시하는 나라는 대한민국이다. 스승의 그림자를 밟지 말아야 하는 것은 물론 술자리에서조차 지켜야 할 예절이 있다. 윗사람과 술을 마실 때는 머리를 돌려야 하며, 두 손으로 술을 따르고 받아야 함은 기본이다. 이처럼 대한민국은 생활 곳곳에 예절문화가 스며들어 있는 나라이다.

매머드
mammoth

매머드Mammoth는 슬라브어 마몬트 mamont에서 유래했다. '흙의 동물' 이라는 뜻이다. 매머드는 빙하시 대에 북반구의 유라시아 설빙 지 역에 서식하던 거대한 코끼리를 일컫는다. 매머드가 흙의 동 물이라는 뜻으로 불린 이유는 매머드가 발견될 때마다 시체 상태이다 보니 유라시아 지방에 살던 야쿠트족이나 퉁구스족 사람들이 흙 속에서 살다가 밖으로 나오면 죽는 동물인 '흙 의 동물'이라고 인식했기 때문이다. 매머드의 멸종으로 상아 의 거대한 크기를 이유로 드는 학자들도 있다. 가장 큰 상아 는 몸무게의 1/3에 달할 정도였다고 한다. 종족 번식과 구애 를 위해 수컷들이 경쟁적으로 상아를 키우다 보니 이런 현상 이 벌어졌다. 결국 상아의 무게를 이겨내지 못한 매머드들이 하나 둘 사라졌다는 설이다. 매머드와 비슷한 아프리카코끼 리 역시 비슷한 처지에 있다. 매머드와의 차이라면 코끼리는 상아를 탐낸 인간에 의해 멸종 위기에 처했다는 점이다.

맵map의 어원은 라틴어 'mappa마 파'이다. 마파는 '천 조각'을 뜻한다. 최초의 지도는 기원전 7000년 경 고대 도시 카탈 후유크catal huyuk의  한 벽에 그려진 그림지도이다. 고대 지도 가운데 가장 유명한 것은 바빌로니아의 세계지도이다. 이 지도는 점토판에 원과 직선으로 그려져 있는데, 원 안은 육지를, 원 밖은 바다를 나타낸다. 소크라테스 이전 철학자 중 한 사람인 아낙시만드로스의 세계지도도 유명하다. 고대 이집트에서도 많은 지적도와 측량 지도를 만들었는데 전해지는 것은 기원전 1300년 경 만들어진 금광 안내 지도뿐이다. 우리가 아는 세계지도는 상당히 왜곡되어 있다고 알려져 있다. 그 이유는 3차원인 지구를 2차원인 평면으로 표현했기 때문이다. 평면 지도는 북위도 지방과 남위도 지방이 더 크고 넓게 나타나는데, 실제로 세계지도를 보면 러시아, 캐나다, 그린란드, 북아메리카, 남아메리카가 실제보다 크게 그려져 있다.

머니Money는 라틴어 모네타moneta에서 유래했다. '경고자'라는 뜻이다. '주노'는 로마 신화에 나오는 주피터의 아내이다. 주노는 신들의 여왕으로 여러 가지 일을 맡아 했다. 로마인들에게 닥친 위험을 경고하는 일도 그녀가 해야 할 일 가운데 하나였다. 이때부터 그녀에게 '주노 모네타'란 이름이 따라다녔다. BC 269년경부터 로마인들은 주화를 만들어 사용하기 시작했다. 이때 주화를 만들던 장소가 바로 주노 모네타 신전이었다. 모네타 신전에서 돈을 만들도 보관한 이유는 경고의 여신인 주노 모네타 여신이 두 눈을 부릅뜨고 돈의 관리를 감시할 것이라고 믿었기 때문이다. 주노 모네타 신전은 화폐 제작소로 불리기 시작했고 프랑스어인 모넬레monele를 거쳐 중세 영어인 모니에moneye로 넘어온 후 오늘날의 '머니'가 되었다.

메뉴 Menu 는 라틴어 미누투스 minutus 에서 유래했다. '상세히 기록하다'라는 뜻이다. 1541년 프랑스의 브룬스윅 Brunswick 공작은 연  회를 할 때 그날 나오는 요리에 관한 상세 내역서를 각 식탁 위에 올려놓았다. 공작이 이러한 행동을 한 이유는 먹을 음식이 너무 많았기 때문이다. 먼저 나온 음식을 서둘러 먹는 바람에 뒤에 나올 맛 좋은 음식을 먹을 기회를 놓치는 실수를 범하지 말라는 배려에서 한 행동이었다. 여기서 공작이 상세하게 기록해 놓은 음식 목록이 오늘날 메뉴의 기원이라고 받아들여지고 있다. 이후로 연회에서 메뉴를 제공하는 일이 많아졌다. 일반 대중에게 널리 사용되기 시작한 것은 19세기 파리 식당가에서다. 우리나라의 경우 보통 각 자리마다 메뉴가 준비되어 있고, 때에 따라서는 메뉴를 벽에 붙여 놓는다. 서양에서는 식사가 끝나면 각 테이블마다 놓인 메뉴를 손님이 가져간다.

088 메리야스
medias

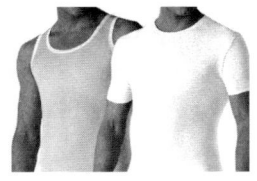

메리야스Medias의 어원은 스페인어 메디아스medias와 포르투갈어 메이아스meias이다. 이 말이 일본으로 전해져 '메리야스'가 되었다. 우리나라 역시 일본의 영향으로 메리야스라고 부른다. 비슷한 말로 '난닝구'가 있다. 이 말 역시 민소매 러닝셔츠의 일본식 표현인데 그대로 우리나라로 전해져 한때 내의의 대명사로 많이 쓰였다. 현대의 메리야스는 털실이나 무명실 등으로 짠 내의를 가리키는 말이지만 원래 메리야스는 내의를 뜻하는 말이 아니라 털실이나 무명실 등으로 짠 천 자체를 일컫는 말이었다. 메리야스 직물은 고대 메소포타미아 지방에서 처음 만들어졌다. 부드럽고 신축성이 좋아 내의, 장갑, 양말 등을 만드는 데 사용되었다. 18세기 중반 일본으로 전해졌으며 이후 우리나라로 넘어왔다.

메모Memo는 그리스신화에 나오는 기억의 여신 브네모시네 Mnemosyne에서 유래했다. 브네모시네는 '기억'이라는 추상적 인 개념을 의인화한 존재이다. 하늘의 신 우라노스와 땅의 여 신 가이아 사이에서 태어난 신족이다. 제우스는 브네모시네 와 9일 밤을 함께 한 뒤 아홉 명의 뮤즈를 낳았다. 악보가 없 는 시대에는 기억력에 의존하여 곡을 연주할 수밖에 없었으 므로 기억의 여신인 브네모시네에게서 뮤즈를 태어나게 했 다. 신탁을 받은 사람이면 누구나 두 가지 샘물을 마셔야 했 는데 하나는 망각의 샘물인 레테이고 다른 하나는 기억의 샘 물인 브네모시네였다. 이렇게 기억의 여신 브네모시네에서 '비망록'이라는 뜻의 영어 메모란둠memorandum이 생겼고 여기 에서 메모가 파생되어 나왔다.

메시아
messiah

메시아Messiah는 '기름 부음을 받은 자'라는 뜻의 히브리어로, 향료를 몸에 바르는 고대 이스라엘의 예법에서 유래한 말이다. 고대 이스라엘의 백성들은 그들의 하나님인 여호와가 선택하여 기름을 부은 자, 즉 왕으로 세운 자가 나타나 세상을 구원할 것으로 믿었다. 이것이 성서에 나온 구세주를 말한다. 구세주는 그리스어로 크리스토스christos인데, 여기서 영어 크리스트christ가 파생되었다. 우리말에서는 크리스토스를 그리스어 원음에 가깝게 그리스도로 음역音譯하여 사용한다. 즉, 구세주나 구원자를 히브리어로 메시아, 그리스어로 크리스토스, 영어로 크리스트, 우리말로 그리스도라고 부르는 것이다.

메카_{Mecca}는 사우디아라비아의 히
자즈 지방에 있는 도시 이름인 마
카_{Makkah}에서 유래했다. 마카는 아
랍어로 '고결한 도시'라는 의미이
며 이 도시에서 이슬람 창시자인 모하메드가 태어났다. 메카
는 고대부터 순례자들의 성지로 여겨졌다. 지금도 많은 순례
자들이 이곳을 찾는다. 더불어 메카는 사우디아라비아의 상
업, 행정, 종교의 중심지이기도 하다. 아담과 이브가 살았던
곳이자, 아브라함의 아들 이스마엘이 살던 곳이다. 메카에는
아브라함이 건립한 것으로 알려져 있는 카바 신전이 있다. 이
신전에는 여러 부족이 숭배하는 우상들이 모셔져 있다. 오늘
날 메카는 '어떤 분야의 중심이 되어 사람들의 동경을 받는
곳 또는 무언가의 본거지가 되는 곳'을 뜻하는 말로 쓰인다.
'영화 산업의 메카'식으로 사용된다.

메타포
metaphor

메타포metaphor는 그리스어로 '바꾸다, 옮기다'란 뜻이다. 메타포는 행동이나 개념 혹은 물체의 특징을 다른 말로 대체하여 암시하는 것을 말한다. 흔히 '은유'를 메타포라고 말한다. 은유는 직유보다 한 단계 발전된 비유법이다. 직유가 '~처럼', '~듯', '~같이'를 붙여 쓰는데 반해 은유는 '~은(는) ~이다'로 표현한다. 예를 들어 '시간이 화살처럼 빨리 지나갔다'라고 표현하면 직유이고 '시간은 금이다'라고 표현하면 은유이다. 한 차원 더 높은 표현법이기는 하지만 문장이 모호해지고 뜻이 제대로 전달되지 않을 수 있으므로 은유를 자주 쓰는 것은 바람직하지 않다. 영화에도 메타포라는 말을 많이 쓴다. 딱 떨어지지 않고 다양한 해석이 가능한 열린 결말로 끝나는 영화나 암시로 가득한 영화를 두고 메타포적인 영화라고 말한다.

멘토 Mentor는 '개인적인 지도자나 스승, 후원자'를 뜻하는 말
이다. 그리스신화 속 인물인 멘토에서 유래했다. 트로이 전
쟁 당시 연합국 소속이던 고대 그리스의 이타이카 왕국 오디
세우스 왕은 출정하면서 사랑하는 아들 텔레마코스를 백발이
성성한 친구 멘토에게 부탁했다. 멘토는 10년 동안 때로는 아
버지로, 때로는 스승으로, 때로는 후원자로 텔레마코스를 정
성껏 보살펴 훌륭한 왕자로 성장시켰다. 이때부터 '경험이나
지혜가 많은 사람이 상대방의 잠재력을 이끌어내고 그 꿈과
비전이 이루어지도록 도움과 격려를 아끼지 않는 사람'을 보
통 멘토라고 일컫게 되었다. 도움을 받는 사람을 멘티 mentee
또는 프로티제 protege라고 한다. 미국의 작가 존 맥스웰 John
Maxwell은 멘토를 '자신이 가진 능력을 다른 사람에게 쏟아붓
는 사람, 다음 세대를 위하여 살리려고 하는 열망을 가진 사람'
으로 정의했다.

멜랑꼴리
melancholy

멜랑꼴리Melancholy는 '흑담즙'의 뜻을 가진 그리스어 멜랑콜리아melancholia에서 유래했다. '멜랑melan'은 '검다'를, 콜리아(cholia)는 '쓸개즙'을 뜻한다. 오늘날 멜랑꼴리는 프랑스어로 '우울한 기분이나 애수哀愁'를 뜻하는 말로 쓰인다. 의학의 아버지로 불리는 그리스의 히포크라테스Hippokrates는 엠페도클레스의 4액체설을 정리하여 혈액, 담즙, 점액, 흑담즙으로 나누었다. 원래 흑담즙 대신에 '물'이 포함되어 있었다. 이 네 가지 체액 가운데 어느 한 가지가 적거나 많으면 불완전한 기질을 만들어내고, 지배하는 체액에 따라 그 사람의 기질이 결정된다고 보았다. 이 가운데 흑담즙은 가장 민감한 액체로 우울한 기분과 관련이 있다. 흑담즙이 지배적인 사람은 많은 경우기분이 우울해진다고 한다. 하지만 이 체질의 사람은 예술적인 감각이 뛰어나 예술 분야에서 두각을 나타내기도 한다.

모자이크
mosaic

모자이크Mosaic는 '꾸미다'라는 뜻
의 그리스어 무자와크musauwak에
서 유래했다. 모자이크는 주로 성

당이나 교회 등의 건축물 벽면, 천
장, 마루를 장식하는 데 쓰는 미술 기법을 말한다. 기원전 8
세기 최초로 사용되었으며 기원전 5세기 그리스인들이 발전
시켰다. 기본 밑그림에다가 여러 색상의 타일 조각이나 돌조
각, 유리조각 등을 붙여 그림이나 무늬를 만든다. 터키 이스
탄불에 있는 성소피아 성당의 성화聖畵들이 대표적인 모자이
크 기법 작품으로 유명하다. 그중 성모 마리아 상은 세계 최
고의 모자이크 벽화로 인정받고 있다. 오늘날에는 예술로서
의 의미보다 사진 편집 방식의 하나로 인식하는 경우가 많다.
선정적인 장면이나 민감한 개인 정보의 노출 우려가 있을 때
해당 장면을 흐릿하게 지우는 것을 가리킨다.

모텔
motel

모텔Motel은 '모터motor'와 '호텔hotel'이 합쳐진 말이다. 대중교통을 이용하던 시대에서 자가용을 이용하는 시대로 넘어가는 과정에서 생겨난 새로운 숙박 형태이다. 자동차가 대중화하자 먼 거리를 여행하는 사람들이 늘어났고 이들을 위한 저렴한 숙박시설이 생겨나기 시작했는데, 최초의 모텔은 1908년 애리조나주 댈러스시에 세워졌다. 이 건물은 단출한 목조건물로 1박에 50센트를 받았다고 한다. 호텔이 역 근처에 주로 세워진 반면 모텔은 고속도로 근처에 많이 세워졌다. 모텔과 호텔의 가장 큰 차이점은 호텔은 모텔보다 크고 복합적인 시설로 주차장에 차를 대고 정문과 로비를 통해 객실로 들어가는 구조인 반면, 모텔은 객실 앞에 차를 대고 바로 객실로 들어가는 구조이다.

몬스터
monster

몬스터monster의 어원은 라틴어 'monstrum'으로 '경고'라는 뜻이다. 돌연변이로 이상한 모습을 한 생명체를 몬스터라 부르는데, 'monstrum'에는 '기형아'란 뜻도 담겨 있기 때문이다. 크라켄, 그리핀, 켄타우로스가 대표적인 기형 몬스터이다. 크라켄은 오징어의 기형이다. 배를 물속으로 끌고 들어갈 정도로 거대한 몸을 가지고 있다. 그리핀은 사자의 몸에 독수리의 머리와 앞발을 가진 몬스터이다. 켄타우로스는 사람과 말이 합쳐진 괴물이다. 무시무시한 생김새로 몬스터는 각종 영상물의 단골 소재로 등장한다. 영화, 소설, 애니메이션에 빠지지 않고 등장하는 생명체가 바로 몬스터이다. 하지만 이렇게 무서운 몬스터만 있는 것은 아니다. 닌텐도에서 만든 〈포켓몬스터〉의 주인공 '피카츄'는 전 세계인의 사랑을 한 몸에 받는 귀여운 몬스터로 10만 볼트의 전기를 내뿜는다. 피카츄는 설치류의 기형으로 볼 수 있다.

몽타주
montage

몽타주montage는 프랑스어 'monter 모으다, 조합하다'에서 온 말이다. 영화에서 주제와 연관된 필름을 모아 하나의 연속물로 결합시키는 기술을 말한다. 구소련 학자들이 연구 개발하여 발전시킨 영화의 연출 도구이다. 몽타주 기법은 경찰이 죄를 저지른 범인을 찾을 때도 사용한다. 먼저 경찰은 미술가에게 다양한 눈, 코, 입, 귀의 모양을 그려달라고 요청한 후 보관한다. 목격자가 나타나 범인의 인상착의를 이야기하면 보관하고 있던 얼굴 부위 하나하나를 목격자의 증언에 따라 조합한다. 이렇게 해서 완성된 범인의 얼굴이 바로 몽타주이다. 경찰은 몽타주를 전국 경찰서에 배포하고, 지명수배 명단을 만든다. 우리나라는 1995년 미국에서 쓰던 장비를 국내에 들여오기 전까지 직접 손으로 그렸다. 지금은 3D로 몽타주를 제작한다. 조선시대에도 몽타주가 있었다. 한지에 붓으로 범인의 얼굴을 그려 사람들이 많이 다니는 담벼락 같은 곳에 붙여 두었는데 이를 '용모파기'라 불렀다.

무스탕mustang의 어원은 스페인어 'mestengo길 잃은 동물'이다.
'머스탱'이라고도 한다. 오늘날 무스탕은 북아메리카에 서식하
는 야생의 말을 의미한다. 엄밀히 말하면 처음부터 야생이었
던 말이 아니라 가축화되었다가 다시 풀려난 말을 뜻한다. 무
스탕의 기원은 스페인이 데리고 온 이베리아 말이다. 서부 개
척시대에 목장에서 탈출한 말도 있지만 미국 기병대에서 쓰던
말이 전투 중에 흩어져 야생말이 된 경우가 더 많다. 우리나라
에서는 무스탕을 옷의 한 종류로 알고 있는 사람들이 많다. 양
털로 만든 재킷을 무스탕이라고 부른다. 하지만 이 말은 오직
우리나라에서만 쓰는 말이다. 한국전쟁 당시 호주 공군이 입
고 있던 재킷을 보고 한국 사람이 무슨 옷이냐고 물었는데 조
종사는 자기가 타던 비행기머스탱 이름을 물어보는 줄 알고 잘
못 답변한 것이 무스탕의 어원이라는 설이 있다.

100 · 미라
mirra

미라mirra는 포르투갈어 'mumiyah'에서 온 말이다. 이집트에서 쓰던 방부제 물질인 몰약myrrh를 일컫는 말이었다. 오늘날 미라는 부패하지 않도록 방부처리를 한 시신을 말한다. 미라는 자연적으로 생성된 미라와 인공적으로 만든 미라로 나뉜다. 고대 이집트는 시신을 보존해야 한다는 사상이 지배적인 사회였다. 그 이유는 시체에 혼이 깃들어 있다고 믿었기 때문이다. 이러한 사상을 바탕으로 미라를 만들기 시작했다. 이집트뿐 아니라 남미의 아즈텍과 잉카에도 미라 문화가 있었다고 알려져 있다. 현대로 넘어오면서 미라 문화는 거의 사라졌지만 일부 사회주의 국가에서 지도자를 미라로 만들어 보존하고 있다. 대표적으로 레닌과 스탈린, 그리고 마오쩌둥과 김일성, 김정일 부자가 있다. 자연적으로 생성된 미라는 알프스산맥의 빙하에서 발견된 '외치oetzi'가 대표적이다.

미란다
miranda

미란다miranda 원칙은 경찰이 범인을 체포할 때 범인에게 알려 주는 권리를 말한다. 1963년 애리조나주의 피닉스 경찰은 멕시코계 미국인 에르네스토 미란다를 납치 강간 혐의로 체포했다. 미란다를 심문한 경찰은 자필 서명이 담긴 범행 자술서를 받아냈다. 하지만 재판이 시작되자 미란다는 진술을 번복했다. 그리고 연방 대법원은 진술거부권, 변호인 선임권과 같은 권리를 고지 받지 못한 상태에서 작성된 진술서는 증거가 될 수 없다고 판단하여 무죄를 선고했다. 이것이 바로 미란다 원칙의 탄생 배경이다. 나중에 미란다는 검찰의 증거 확보로 11년형을 구형 받았다. 한편, 이 판결은 당시에도 엄청난 논란을 불러일으켰다. 흉악범들이 빠져나갈 구멍을 만들어 준 판결이라는 우려의 목소리가 여기저기서 터져 나왔다. 하지만 미란다가 재 구속되면서 우려의 목소리는 사라졌다.

102 ● 미사일
missile

미사일Missile은 라틴어 미테레 mittere에서 유래했다. '쏘다, 던지 다'라는 뜻이다. 미사일은 겨냥해 서 쏘는 포탄과 달리 날아가는 무 기 자체에 감지 장치나 유도 장치가 장착되어 발사 후에도 속 도와 방향을 수정하면서 목표물을 명중시킬 수 있는 첨단의 과학무기이다. 현대적 의미의 미사일은 2차 세계대전 중 독 일에서 개발되었다. 오늘날에는 유도 기능을 가진 무기만 미 사일이라고 하는데, 이는 추진기관만 장착한 비행체 로켓과 구분하기 위함이다. 러시아를 비롯한 일부 국가에서는 미사 일을 로켓이라고 부르기도 한다. 우리나라는 1975년에 처음 미사일 개발을 시작했다. 대륙간탄도미사일은 사정거리가 5 천 km 이상인 탄도미사일을 말하며, 메가톤급 핵탄두를 장착 할 수 있다.

미스터리mystery의 어원은 두 가지이다. 하나는 고대 프랑스
어로 비밀스러운 교리나 예배를 뜻하는 'misterie'이고, 다른
하나는 직업이나 기술을 의미하는 라틴어 'misterium'이다.
오늘날 미스터리는 과학적으로 설명하기 어려운 불가사의한
일을 말한다. 가장 널리 알려진 미스터리는 버뮤다 삼각지대
미스터리다. 플로리다와 버뮤다, 그리고 푸에르토리코를 잇
는 삼각형 모양의 대서양 지역에서 발생한 일련의 실종사건
을 말한다. 1945년 미국 제19비행단 소속의 TBF어벤저 뇌격
기 1개 편대가 버뮤다 삼각지대에서 갑자기 사라지는 일이
발생한다. 미 해군은 곧바로 PBY 카탈리나 비행정을 급파한
다. 하지만 이들을 구조하러 간 비행정 역시 사라지고 만다.
이 사고를 기사화한 에드워드 존스 기자는 이 사건이 벌어진
지역을 마의 삼각지대라고 불렀고 이때부터 유명해지기 시작
했다. 이곳에서 실종된 선박이나 비행기만 해도 수십 대에 달
한다.

바
bar

바bar는 '술집'을 말한다. 술을 준비하는 카운터와 술을 마시는 고객 사이에 놓인 기다란 테이블에서 유래한 말이다. 테이블 뒤에서 술을 만드는 사람을 '바텐더bartender'라고 부른다. '바를 관리하는 사람'이라는 뜻이다. 바텐더는 단순히 술을 서비스하는 사람이 아니다. 이들은 특별한 기술로 다양한 술을 섞어 손님에게 내놓는다. 바텐더는 아무나 할 수 없는 전문 직종이다. 술을 마시는 자리가 따로 있지만 테이블에서 바텐더와 이야기를 나누며 술을 마실 수도 있다. 'bar'는 서부영화에 자주 등장한다. 간판에 'saloon살롱'이라고 쓰여있는 술집이 바로 'bar'이다. 원래 살롱은 사교모임을 뜻하는 프랑스어이다. 이것이 미국으로 넘어가 '술집'을 뜻하는 말이 되었다. 서부영화에서 총싸움이 벌어지기 전에 말다툼을 벌이는 장소가 바로 'bar'이다. 일 대 일 결투를 벌이는 장소 역시 대부분 '술집bar' 앞마당이다. 지나친 음주는 몸과 마음, 그리고 목숨까지 해칠 수 있다는 사실을 명심해야 한다.

바로크
baroque

바로크baroque는 이탈리아어 'barocco'에서 유래했다는 설과 포르투갈어 'barroca'에서 유래했다는 설이 존재한다. 'barocco'는 왜곡된 생각이나 사고의 복잡한 과정을 뜻하며 'barroca'는 불규칙적이고 불완전한 모양의 진주를 의미한다. 오늘날 '바로크'는 불규칙하고 정형화하지 않은 양식을 말한다. 바로크는 르네상스 이후 17세기에서 18세기에 걸쳐 서양에 불어닥친 거대한 사조 가운데 하나다. 미술, 음악, 건축과 같은 다양한 분야에서 바로크 양식을 채택했다. 상업과 수공업을 기반으로 성장한 부르주아들이 절대 군주를 지지하는 수단으로 사용하기도 했는데, 이들은 화려하고 장식적인 바로크 예술을 권력과 결합시켜 권위를 내세웠다. 가장 대표적인 것이 '베르사유 궁전'이다. 베르사유 궁전은 바로크 건축의 걸작으로 꼽힌다. 이 외에도 '성 베드로 성당'과 미켈란젤로가 설계한 '캄피돌리오 광장'이 유명하다. 바로크 시대의 음악가로는 바흐와 헨델, 그리고 안토니오 비발디가 있다.

바리캉
Bariquant

바리캉_{Bariquant}은 '머리 깎는 기계'를 뜻하는 프랑스어로, 이 기계를 제조하는 회사 이름인 바리캉 에 뜨 마레_{bariquand et Marre}에서 유래

했다. 이 제품이 일본으로 건너가 바리칸이 되고 이것이 다시 우리나라로 넘어와 바리캉이 되었다. 우리나라의 기아자동차가 국내 최초 승합차를 만들어 그 이름을 '봉고'라고 한 이후 이 고유명사가 승합차를 이르는 일반명사로 굳은 것과 같은 맥락이다. 바리캉은 빗 모양으로 된 두 개의 칼날을 겹쳐 그중 하나를 좌우로 움직여 머리카락을 자르는 원리로 작동한다. 손을 사용하는 수동식과 전기로 움직이는 자동식이 있다. 짧은 시간에 머리를 빨리 자를 수 있고 특별한 기술이 필요하지 않아 군대의 이발소에서 사랑받는 이발 도구이기도 하다. 요즘은 반려동물의 미용에 특화된 바리캉도 출시되고 있다.

바바리Burberry는 영국의 우비 제조
회사인 버버리Burberry사가 만든 방
수용 외투를 일컫는 말이다. 우리
나라에서 '봄이나 가을에 입는 긴

외투'를 가리키는 일반명사로 쓰인다. 영국은 비가 많이 오는
나라로 우산과 방수용 외투가 신사의 필수 아이템이었다. 문
제는 방수복이 너무 무거웠다는 점이다. 이때 버버리 브랜드
창시자인 토마스 버버리Thomas Burberry가 등장했다. 그는 여름
에는 시원하고 겨울에는 따뜻한 개버딘gabardine이라는 천을
개발했다. 개버딘은 다른 천보다 훨씬 가벼웠다. 이후 영국
군은 이 천을 전쟁 물자로 사용하였고 '트렌치코트'라 불렀다.
왕실에서도 트렌치코트의 명성이 알려져 입기 시작했는데 에
드워드 7세가 이 코트를 버버리 코트라고 부르기 시작하면
서 트렌치코트가 버버리 코트로 불리게 되었다. 제2차 세계
대전 이후 크게 히트한 영화 〈카사블랑카〉에서 험프리 보가
트가 버버리 코트를 입고 나온 이후부터 버버리가 세계적으
로 유명해졌다.

바비큐
barbecue

바비큐Barbecue는 인디언어 바베아큐babe a queue에서 유래했
다. '머리부터 꼬리까지 통째로'라는 뜻이다. 바비큐는 멕시
코의 영향을 받은 미국식 요리이다. 지금의 요리 방식은 17세
기 버지니아 식민지에서 시작되었다. 우리말로 '통구이'라고
할 수 있는데, 돼지든 닭이든 고기를 굽는 데 있어 석쇠에 굽
든 꼬치에 꿰어 굽든 통째로 불에 직접 굽기만 하면 바비큐의
범주에 든다. 답답한 실내에서 즐기는 요리보다 야외에서 만
끽하는 맛과 정취가 있어 미국에서 시작된 이래 전 세계적으
로 널리 퍼졌다. 지금은 다양한 맛을 내는 소스의 개발과 함
께 갖가지 종류의 바비큐 요리를 맛볼 수 있다. 중국인 진수
가 쓴 〈삼국지 위지동이전〉에 고구려와 부여 사람들이 고기
구이를 많이 해 먹었다는 기록이 나오는 만큼 우리나라 역시
오래전부터 구이식 고기 요리를 즐긴 민족이었다.

바이러스_{Virus}는 라틴어 비루스_{virus}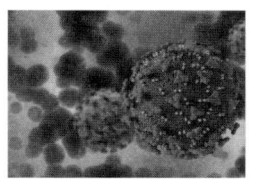
에서 유래했다. '독'이라는 뜻이
다. 참고로 북한에서는 바이러스
를 비루스라고 부르고 있다. DNA
나 RNA의 유전물질과 단백질로 구성된 감염성 미생물을 가
리키는데, 종류에 따라 그 크기와 형태가 다르다. 바이러스는
스스로 대사를 할 수 없기 때문에 자신의 DNA나 RNA를 다
른 세포_{숙주세포} 안에 침투시킨 후 침투한 세포의 기관을 이용
해 자신과 같은 바이러스를 복제 및 생산한다. 이 때문에 보
통은 그 숙주세포는 죽게 된다. 자기 자신을 복제할 수 있다
는 점서는 생명체로 분류할 수 있으나 다른 세포의 도움 없
이는 복제가 불가능하고 스스로 대사를 할 수 없다는 점에
서는 무생물로 분류된다. 지금까지 발견된 바이러스는 보통
200~300nm인데, 큰 것은 700nm에 달한다.

110 바이블
Bible

바이블Bible은 원래 '책'을 뜻하는 말로, 요즘은 '책 중의 책'인 '성경책'을 가리킨다. 그리스인들이 지중해 동쪽에 있는 항구도시인 비블로스biblos에서 종이를 사다 쓴 데서 유래했다. 비블로스는 곧 파피루스papyrus를 말하는데, 고대에는 갈대의 일종인 파피루스로 종이를 만들어 문자를 적었기 때문에 파피루스를 책과 동일한 의미로 썼다. 이처럼 비블로스는 책을 의미하고 그 복수형인 비블리아biblia가 영어의 바이블bible로 변했다. 오늘날 바이블이라고 하면 성경책을 가리키는데, '성스러운 책holy bible'의 줄임말이기도 하다. 또 책 중의 책이라는 뜻을 가지면서 현대에는 바이블이라는 단어를 이곳저곳에 붙여 쓴다. 역사의 바이블, SF의 바이블, 과학의 바이블, 추리소설의 바이블처럼 말이다.

바캉스
vacance

바캉스Vacance는 '무엇으로부터 자유로워진다'는 뜻의 프랑스어이다. 라틴어 바카티오vacatio에서 유래했다. '휴가'를 뜻하는 영어 베케이션vacation도 바캉스에서 파생한 단어다. 하지만 세계적으로 프랑스어인 '바캉스'를 더 많이 사용한다. 프랑스 사람들은 휴가를 조용하게 즐기기보다 떠들썩하게 즐기기를 좋아했다고 한다. 따라서 해수욕장을 비롯한 유명 휴양지에는 늘 프랑스인이 북적거렸다. 그래서 프랑스하면 휴가를 떠올리는 사람들이 많아졌고 프랑스어인 바캉스가 휴가의 대명사가 되었다. 우리나라에서도 바캉스하면 그럴듯하고 요란하게 즐기고 와야 하는 것으로 인식한다. 우리나라는 1970년대부터 바캉스 문화가 생기기 시작했다. 한국인이 가장 많이 찾는 바캉스 장소에는 보라카이, 괌, 세부, 푸껫, 하와이, 발리, 파타야 등이 있다.

박테리아
bacteria

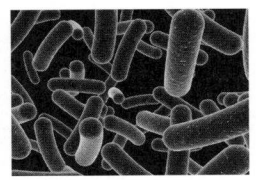

박테리아bacteria는 라틴어로 '세균'이라는 뜻으로 고대 그리스어 '박테리온작은 막대기'에서 비롯된 단어이다. 박테리아는 현미경을 발명한 네덜란드의 안톤 판 레벤후크가 1676년 처음 관찰한 것으로 알려져 있다. 박테리아는 지구 어디에서나 사는 가장 번성한 생명체이다. 땅 위나 공기뿐만 아니라 사람의 장이나 위에서도 기생한다. 최근 연구에 따르면 박테리아도 눈을 가지고 있는 것으로 알려졌다. 연구팀은 빛을 인지하고 그쪽으로 몸을 움직인다는 사실을 국제 학술지에 소개하기도 했다. 항생제의 남용으로 저항력이 높은 돌연변이 박테리아인 슈퍼박테리아가 생겨났다. 특정 슈퍼박테리아는 항생제를 먹이로 성장하기도 한다. 면역체계가 약한 환자에게 치명적인 것으로 알려져 있다. 따라서 항생제를 다량 복용해야 하는 환자에게는 공포의 세균이다. 대표적으로 황색포도상구균이 있다.

발라드Ballade는 라틴어 발라레ballare에서 유래했다. '춤추다'라
는 뜻이다. 원래 문학 분야에서 민중 속에서 생긴 자유로운
형식의 소서사시小敍事詩나 담시譚詩를 일컬었다. 담시는 민중
속에서 생긴 영웅전설이나 연애비화 등을 담은 이야기이다.
이러한 담시는 이후 춤에 맞추어 부르는 담시곡으로 이어졌
다. 발라드는 문학에서 시작한 만큼 18세기 낭만파 시대에 발
라드 작품이 많이 쏟아졌다. 대표적인 작가로는 프랑스의 위
고, 영국의 스콧, 독일의 하이네, 등이 있다. 음악에서는 19세
기에 들어 보통 3부 형식으로 된 피아노 소곡의 발라드가 많
이 작곡되었다. 브람스, 쇼팽, 포레 등이 대표적이다. 오늘날
에는 대중음악 중에서 느리고 서정적인 노래를 발라드라고
한다.

발코니
balcony

발코니Balcony는 이탈리아어 발코네balcone에서 유래했다. '발판 또는 무대'라는 뜻이다. 생활공간을 확장할 요량으로 만든 외부 건물이다. 난간에 보호대를 설치하여 만든 작은 공간으로 지붕은 없다. 주택뿐 아니라 병원이나 극장과 같은 대형 건물에도 발코니가 있다. 일체형 공간이 아닌 벗어난 돌출된 공간은 전부 발코니라고 부른다. 발코니는 장식적 성격이 강하나 왕이나 군주들이 자신의 모습을 드러내며 권력을 과시하는 장소로 많이 쓰였다. 발코니와 베란다를 같은 것으로 보는 사람이 많지만, 둘은 엄연히 다른 구조물이다. 발코니는 실외공간이고, 베란다는 실내공간이다. 우리나라 사람들은 둘을 합쳐서 그냥 베란다로 부를 때가 많은데, 건축법에는 모두 '발코니'로 명시되어 있다.

방갈로 Bungalow 는 '벵골 양식의 집' 이라는 뜻으로, 베란다로 둘러싸 인 인도 벵골 지방 특유의 작은 목 조 가옥을 가리킨다. 영국의 식민  지 시절 영국인들에 의해 보통명사로 굳어졌다. 영국에서는 방갈로를 저렴한 주택의 하나로 인식한다. 지붕의 물매가 완 만하고 처마 끝이 많이 나온 것이 특징이다. 이 건축양식이 인도를 지배하던 영국으로 흘러들어가고, 미국 서부와 유럽 으로 건너가 하나의 야외 건축양식으로 자리 잡았다. 휴양지 의 별장이나 휴게용으로 많이 세워지고 있다. 영국에서는 벽 돌조 방갈로가 보편화되었고, 미국에서는 목조 방갈로가 발 달했다. 최근 들어 형태를 막론하고 야외의 간단한 시설물을 모두 방갈로라고 한다. 우리나라에서는 캠핑 문화가 발달하 면서 방갈로형 목조 시설이 유행하기도 했다.

배드민턴
badminton

배드민턴badminton은 이 게임을 널리 퍼트린 보퍼트 공작의 저택 이름인 〈배트민턴 하우스badminton house〉에서 따온 것이다. 배드민턴 게임의 시초는 인도 봄베이 지방의 민속놀이 '푸나'이다. 19세기 인도에 주둔하고 있던 영국 장교들이 '푸나'를 영국으로 가져온 것이 배드민턴의 시작이다. 원래는 양모로 된 공을 썼으나 지금은 거위 깃털이 달린 일명 '셔틀콕'이라 부르는 공을 사용한다. 구기종목 가운데 공의 속도가 가장 빠른 종목이 바로 배드민턴이다. 남자 선수가 내려친 공의 속도는 시속 300km가 넘는 것으로 알려져 있다. 아이러니한 것은 진행하는 속도만 빠른 것이 아니라 멈추는 속도도 빠르다는 것이다. 공기 저항을 많이 받기 때문이다. 따라서 공식적인 경기는 모두 실내에서만 열린다. 1992년 바르셀로나 올림픽에서 처음 정식 종목으로 채택되었다.

밸런타인데이
Valentinday

밸런타인데이Valentinday는 로마 사제 발렌티누스Valentinus의 이름에서 따온 이름이다. 밸런타인데이는 발렌티누스 사제가 순교한 2월 14일을 기념하여 만든 축일이다. 로마 황제 클라우디우스는 병사들의 결혼을 금지했는데 그 이유는 전쟁터로 떠나는 병사들이 처자식 걱정에 얽매이지 않도록 하기 위함이었다. 이때 발렌티누스가 반기를 들었다. 클라우디우스는 곧바로 발렌티누스를 처형했다. 이 사건을 계기로 발렌티누스를 기리기 위한 밸런타인데이가 생겨났다. 지금 우리가 아는 밸런타인데이는 여성이 남성에게 초콜릿을 주는 날로 알려져 있지만 사실 초콜릿과는 아무런 관련이 없다. 다만 서로 사랑하는 사이를 갈라놓지 못하도록 했던 그의 정신이 밸런타인데이 안에 녹아들어 이 같은 풍습이 이어진 것으로 보인다. 이후 제과 업체들의 상술이 더해져 오늘날의 밸런타인데이로 정착 되었다.

118 뱅크
bank

뱅크bank는 이탈리아어 'banco'에서 비롯되었다. 'banco'는 '환전상의 작업대'라는 의미이다. 어원에서 알 수 있듯이 은행bank의 기원은 환전상이었다. 이 환전상들이 하는 일은 돈을 빌려주고 이자를 더해 돌려받는 대부업이었다. 신약성서는 이자를 받는 것을 엄격히 금지했다. 따라서 이 당시 대부업자는 신약과 관련이 없는 유대인들의 차지였다. 19세기 최고의 재벌 가문은 로스차일드 가문이다. 로스차일드의 시작을 알린 마이어 암셀 로스차일드 역시 유대인 대부업자(환전상)였다. 은행의 기원은 기원전 2000년으로 거슬러 올라간다. 아시리아와 바빌로니아 사람들은 교역을 위해 곡식을 대출을 받았다. 이후 그리스와 로마로 이어졌고 예금과 환전이라는 기능이 추가되어 오늘날에 이르렀다. 우리나라 최초의 근대적 은행은 1878년 일본이 부산에 세운 제일은행 지점이다.

버블
bubble

119

버블bubble은 중세 네덜란드 어로 '거품'이라는 뜻이다. 버블은 경제 용어로 쓰이며 대중적으로 알려졌다. 주로 좋지 않은 의미로 쓰인다. '버블 경제'라고 하면 '경기 과열'을 뜻한다. 1963년 네덜란드에서 일어난 튤립 버블튤립 투기을 시초로 본다. 잘 사는 사람, 못 사는 사람 할 것 없이 이 당시 사람들은 모두 튤립에 투자했다. 하지만 1967년 갑자기 튤립 가격이 곤두박질치기 시작했다. 너도 나도 튤립을 사려고 달려들자 공급이 수요를 앞질러버린 것이다. 이 사례는 투자자 가운데 5%만이 겨우 본전을 찾을 정도로 역대 최악의 투기 참사로 기록되어 있다. 일본의 거품경제도 유명하다. 1986년부터 1991년까지 일본의 부동산 가격과 주가가 크게 부풀려진 현상을 말한다. 1992년 거품 경제가 꺼지자 일본은 침체기에 들어갔고, 지금까지 어려움을 겪고 있다.

120 ● 버스
bus

버스Bus는 라틴어 옴니버스omnibus에서 유래했다. '만인을 위한'이라는 뜻이다. 옴니버스의 뜻에서 알 수 있듯이 옴니버스에는 '탈것'이라는 의미가 없다. 그럼에도 오늘날 승합자동차를 부르는 단어로 쓰이게 된 이유는 보들레이Baudlei라는 사람 때문이다. 그는 19세기 초 프랑스 사람으로 낭트시 외각에 있는 한 온천을 경영하고 있었다. 보들레이는 시내에 사는 사람들을 끌어모으기 위해 시내와 온천을 오가는 승합마차를 운행했다. 이때 시내에 있는 정류장을 '옴니버스'라는 상점 앞에 두었는데, 이 상점 이름을 자기 승합마차에 붙였다. 결국 옴니버스 마차 덕분에 그의 온천은 크게 성공했고 많은 사람에게 알려졌다. 이후 옴니버스는 영국으로 넘어가 승합마차를 가리키는 보통명사로 쓰이기 시작했고, 이것이 자동차 산업이 시작되면서 지금의 '버스'가 되었다.

베란다_{Veranda}는 '난간'이라는 뜻의 인도어 바란다_{varanda}에서 유래했다. 인도에서 시작된 이 건축양식은 건물에 만든 돌출 공간으로, 원래는 지금의 베란다 개념과 달리 벽이 없이 지붕만 있는 구조였다. 지금은 주로 거실이나 방에서 연결되어 밖으로 나온 지붕이 덮여 있다. 베란다와 발코니는 생활공간의 확장이라는 측면에서는 서로 비슷하나 발코니가 지붕 없이 멋스러운 생활공간을 반영한다면, 베란다는 실용적인 생활공간을 반영한다. 일과 여가가 분명해지면서 베란다가 차지하는 위상이 높아진 만큼 최근에는 베란다의 유무와 형태가 집을 고르는 중요한 요소로 자리 잡았다. 공교롭게도 건축법에는 베란다라는 단어는 없고 모두 발코니라고 지칭한다.

베테랑
veteran

베테랑Veteran은 '노련미를 갖춘 전문가'를 뜻하는 라틴어 베테라누스veteranus에서 유래했다. 과거 로마 군단은 시민병으로 구성된 1개 군단을 4개 대대로 나누어 편성했다. 1개 대대는 다시 어린 병사 유니오레스17~25세, 중·고참 병사 시니오레스25~35세, 고참 병사 베테라누스35~45세로 나누어졌다. 이 가운데 '고참병 부대'를 일컫는 라틴어 베테라누스가 '어떤 분야에 오랫동안 종사하여 기술이 뛰어난 사람'을 가리키는 말인 프랑스어 베테랑으로 발전했다. 우리말로는 '숙련가, 전문가'로 순화할 수 있는데, 베테랑이라고 어원 그대로를 더 많이 쓴다. 미국에서는 퇴역군인을 베테랑이라고 하며, 이들을 기리는 베테랑데이가 따로 있다. 이날은 국가 공휴일로 지정되어 있다.

벨리댄스
belly dance
123

벨리댄스belly dance의 '밸리belly'는
초기 인도유럽어로 '부풀어 오른'
이라는 뜻으로 '배'를 가리키는 말
이었다. 19세기 프랑스의 알제리
족 무용수들이 배를 드러내고 춤을 추었는데 이를 보고 프랑
스인들은 '배의 춤'이라고 불렀고 이것이 '벨리댄스'라는 말의
유래가 되었다. 사실 벨리댄스는 터키와 이집트를 비롯한 이
슬람 문화권 여성들이 추던 춤이었다. 그래서 한때는 동방의
춤이라는 뜻으로 '오리엔탈 댄스'라고 부르기도 했다. 중동의
모래사막은 춤을 추기에는 부적합했는데 그 이유는 발을 자
유롭게 움직일 수 없었기 때문이다. 그래서 중동의 여성들은
발을 최대한 적게 움직이고 상체를 많이 흔드는 춤을 개발했
다고 한다. '벨리댄스'를 출 때 입는 의상도 독특한데, 무용수
들은 배꼽을 노출한 착 달라붙는 상의와 발목까지 내려오는
긴 치마나 하렘팬츠라고 부르는 긴 바지를 입고 춤을 추었다.

124 보너스
bonus

보너스Bouns는 '특별 수당'을 가리키는 말로, 라틴어 접두사인 본bon은 '좋은, 잘'의 뜻이 있다. '호경기, 횡재, 금맥'을 뜻하는 스페인어 보난자bonanza도 라틴어 접두사 본bon에서 유래했다. 보너스는 원래 중세 시대의 철학 용어였다. 즐거움이나 행복을 의미하는 '선善'의 의미로 쓰이는 말이었다. 기도나 묵상처럼 신에게 받치는 일련의 의식의 반대급부로 신자는 기쁨이나 행복을 느끼는데 이것이 보상처럼 주어진다고 하여 생긴 말이다. 오늘날에는 '할증임금제로서 일정 이상의 능률을 올린 자에게 주어지는 수당'을 가리키는 말로 쓰인다. '월급 이외에 업적이나 기여도에 따라 추가로 받는 성과급'을 가리키며, 우리말로는 상여금이라고 순화할 수 있다.

보이콧
boycott

보이콧Boycott은 '거부, 배척'을 뜻하는 말로, 찰스 보이콧 Charles Boycott이라는 영국인의 이름에서 유래했다. 산업혁명 이후 영국의 아일랜드 지배가 본격화되던 1880년, 찰스 보이 콧은 아일랜드 북동부의 한 경작지에 지배인으로 부임했다. 그해 큰 흉년이 들자 소작인들은 지주에게 소작료를 내려줄 것을 요구했으나, 오히려 지주는 지배인 보이콧을 시켜 강제 로 징수하게 했다. 이에 분개한 소작인들은 합심하여 보이콧 을 무시했다. 이웃들은 그에게 말도 걸지 않았고 물건도 팔지 않았다. 음식을 주지 않은 것은 물론이고, 우편물도 중간에서 가로챘다. 결국 보이콧은 아사 상태까지 몰렸다가 출동한 군 대에 의해 구출되었다. 이때부터 '소비자가 일치단결하여 어 떤 상품을 사지 않는 불매운동'을 가리키는 말이 되었다.

보헤미안
Bohemian

보헤미안Bohemian은 프랑스어 보엠boheme이 그 어원이다. 체코 보헤미아 지방에 유랑민족인 집시가 많이 살았는데, 15세기경부터 프랑스 사람들이 집시를 보헤미안이라고 불렀던 것에서 유래했다. 19세기 후반에 이르러 영국의 소설가 윌리엄 대커리William Thackeray가 그의 소설 〈허영의 시장〉에 나오는 자유분방한 여주인공을 표현하려고 보헤미안이라는 단어를 사용함으로써 널리 알려졌다. 그 후 '관습에 얽매이지 않는 방랑자나 자유분방한 생활을 하는 예술가, 문학가, 여행가'를 가리키는 용어로 발전했다. 보헤미안이라는 단어가 들어가는 대중예술로 가장 유명한 것은 세계적으로 유명한 영국 그룹 퀸Queen이 부른 '보헤미안 랩소디'이다. 이 곡은 6분 길이의 긴 곡으로 가사가 난해하기로 유명하다.

부르주아
Bourgeois

부르주아Bourgeois는 '자본가 계급'을 이르는 프랑스어로, 라틴어 부르겐시스burgensis에서 유래했다. 중세 시대까지 많은 유럽 도시들은 성벽으로 둘러싸여 있었다. 중세 사람들은 이 성벽을 라틴어 '부르구스burgus'라고 불렀다. 그리고 이 성벽 안에 사는 사람들을 부르겐시스burgensis라고 했다. 이 부르겐시스가 부르주아로 바뀌었다. 한마디로 부르주아는 '성 안의 사람'이라는 뜻이다. 이때부터 성城 안의 사람은 돈이 많고 부유한 사람을, 성城 밖의 사람은 가난하고 못하는 사람이라는 인식이 생겨났다. 오늘날 성 안의 사람은 자본가 계급이 되었고 성 밖의 사람은 노동자 계급이 되었다. 부르주아와 프로레탈리아Proletarier의 탄생 배경이다. 부르주아가 자본가 계급으로 발돋움한 결정적인 계기는 18세기에 일어난 '산업혁명'이다. 한때 부르주아는 제3계급을 형성해 성직자과 귀족을 상대로 싸움을 벌이기도 했다.

부메랑
boomerang

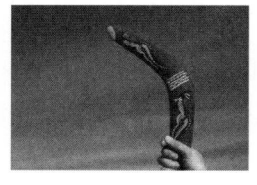

부메랑Boomerang은 호주 원주민이 쓰던 단어이다. 짐승이나 새를 사냥할 때 또는 놀이나 전투 등에 사용하던 꺾쇠 모양 도구를 말한다. 부메랑이 호주에서 발달한 것은 맞지만 고대 이집트에도 이와 비슷한 무기가 있었다고 하며, 부메랑과 비슷한 투척 무기들을 아메리카 대륙의 인디언들이나 브라질, 인도, 아프리카에서도 이미 사용하고 있던 것으로 확인되었다. 18세기 말 제임스 쿡James Cook 선장이 처음 호주 대륙에 상륙했을 때 원주민들이 들고 있는 'ㄱ'자 형태의 무기가 무엇인지 물었는데 이때 원주민들이 '부메랑'이라고 대답했다고 한다. 흔히 다시 돌아오는 비행 무기 정도로 알고 있지만 원래 부메랑은 더 멀리 던지기 위해 만들어진 무기이다. 다시 돌아오도록 만든 부메랑을 '리터닝 부메랑'이라고 부르는데 이는 뒤에 새롭게 만들어진 개량형 부메랑이다. 부메랑이 문명사회에 널리 알려진 계기는 1804년 12월 시드니의 관보에 부메랑이 자세하게 설명되면서부터이다.

불도저
bulldozer

불도저Bulldozer는 흙을 밀어내는 토목공사용 특수 자동차이다. 그 어원에는 여러 가설이 있다. 호주의 교도소에서 죄수들 간에 사용되던  은어이던 불bull은 '채찍으로 때린다'는 뜻인데, 이것이 미국으로 건너가 선거 때 흑인들을 채찍으로 협박하여 투표하게 하는 불도즈bulldoze로 바뀌었다는 가설이 있다. 또 땅을 고르는 일을 하던 소bull가 불도저의 등장으로 할 일이 없어져 꾸벅꾸벅 졸게doze 만들었다는 가설과 큰 동물을 제압할 때 쓰던 강력한 약물 이름인 불도즈에서 유래했다는 가설이 있다. 불도저가 오늘날처럼 형태를 갖춘 것은 1923년부터이며, 탄광 공사, 중공업 공장 건설, 공공 토목공사와 같은 대형 공사현장에서 흔히 볼 수 있다.

130 붐
boom

붐Boom은 원래 '쿵' 하고 울리는 소리, 꿀벌이나 투구풍뎅이가 내는 소리, 해오라기 등이 우는 소리를 표현한 의성어였다. 이것이 19세기 말부터 '갑작스럽게 무엇인가가 번창하는 현상 또는 어떤 것의 대유행 현상'을 일컫는 말로 사용되기 시작해 오늘날에 이르렀다. 프랑스어로는 '붐boum'으로 표기한다. 프랑스에서는 폭발을 뜻하는 의성어 외에 '파티'라는 뜻으로도 사용되는데, 그 대표적인 예를 소피마르소 주연의 영화 〈라붐la boum〉에서 찾을 수 있다. 여기서 '라la'는 여성을 뜻하는 관사이다. 소피마르소는 이 영화로 단번에 대스타의 반열에 올랐다. 우리말로 '대유행, 대성황'으로 순화할 수 있으나 붐이라는 말을 더 많이 사용한다.

뷔페Buffet는 '식기장 또는 배식 장
소'를 뜻하는 프랑스어이다. 뷔페
는 바이킹들의 식사법에서 유래했
다. 8~10세기경 스칸디나비아반도
는 해적들이 들끓는 곳이었다. 사람들은 이들을 '바이킹'이라
고 불렀다. 바이킹은 오랫동안 바다에 머물면서 상선이나 민
간인의 배를 습격해 금이나 식량을 약탈하며 생활했다. 그리
고 이들은 훔친 음식과 술을 큰 판자 위에 깔아놓고 즐기며
놀았는데 바로 이것이 뷔페의 유래이다. 오늘날 우리가 아는
뷔페의 시초는 '스모르가스보드smorgasbord'라고 불리는 스웨
덴의 파티이다. 스웨덴 사람들은 집에서 만든 음식을 테이블
위에 죽 늘어놓고 사람을 초대하여 파티를 즐기곤 했다. 이
식사법이 프랑스로 넘어와 오늘날의 뷔페로 발전했다.

브라보
bravo

브라보Bravo는 '잘한다, 신난다, 멋져'라는 뜻의 이탈리아어로, 환호성을 지를 때 쓰는 감탄사이다. 브라보는 남성을 상대로 할 때 외치는 말이다. 이탈리아어는 단어마다 남성, 여성, 단수, 복수가 있다. 대체로 남성 단수는 o, 여성 단수는 a를 붙인다. 노래가 끝나고 가창이 너무 훌륭하여 탄성을 지르고 싶을 경우 노래를 부른 가수가 남성 솔로이면 브라보bravo, 여성 솔로이면 브라바brava라고 외친다. 복수일 때는 또 다르다. 남성 복수 뒤에는 i를, 여성 복수 뒤에는 e를 붙인다. 따라서 남성 합창이면 브라비bravi, 여성 합창이면 브라베brave라고 외친다. 우리나라를 비롯하여 이탈리아를 제외한 나라에서는 뭉뚱그려서 브라보라고 한다. 우리나라 국민 아이스크림인 '부라보콘'이 여기서 온 말이다. 외래어 표기법에 따라 '브라보콘'이라고 불러야 맞지만 워낙 오래된 브랜드 네임이라 바꾸지 않고 그대로 쓰고 있다.

브라우저
browser
133

브라우저browser의 어원은 'browse' 로 고대 프랑스어로 '새싹'이라는 뜻이며, 중세 영어로는 '돌아다니 며 새싹을 뜯어먹다'라는 의미를 지니고 있다. 여기에 주체를 나타내는 '~er'이 붙어 '둘러보는 사람'이라는 의미로 쓰인다. 인터넷 용어로 쓸 때는 'web웹'이 라는 단어를 붙이는데 'web'은 거미줄이나 직물을 의미한다. 따라서 '웹 브라우저'는 '거미줄처럼 촘촘한 망으로 연결된 인 터넷 바다를 둘러보는 사람' 정도로 해석 가능하다. 한마디로 '웹 브라우저'는 인터넷 콘텐츠를 검색하기 위해 만들어진 응 용프로그램이다. 크롬, 인터넷 익스플로러, 에지, 파이어폭 스, 오페라 등이 모두 웹 브라우저이다. 처음으로 웹 브라우 저를 만든 사람은 팀 버너리스이다. 버너리스는 월드와이드 웹www, url, http 등 인터넷이 대중화하는데 결정적인 역할을 한 프로그램을 만든 영국의 컴퓨터 공학자이며 기사 작위를 받은 사람이다.

134 브래지어
brassiere

 브래지어Brassiere는 1900년대 초 미국의 사교계 유명인 메리 제이콥 Mary Jacob이 만든 여성용 속옷이다. 조국을 떠나 파리로 건너간 제이콥은 어느 날 저녁 파티에서 입을 옷을 고르다가 문제가 있음을 발견했다. 속옷인 코르셋의 자수가 드레스의 장미 무늬 사이로 삐져나와 보기가 흉했던 것이다. 이에 손수건 두 장, 분홍 리본, 바늘을 하녀에게 가져오게 하여 거울 앞에서 손수건을 접고 분홍 리본에 이은 다음, 가슴을 가리고 리본을 등 뒤로 묶고는 드레스를 입었다. 이것이 오늘날 브래지어의 시초이다. 그녀는 이 가슴 가리개의 발명 특허를 땄고, 이 특허를 미국의 '워너브러더스 코르셋 회사'에 1,500달러를 받고 팔았다. 코르셋 회사는 아기에게 젖을 물릴 때 가슴 부위를 쉽게 여닫을 수 있도록 만든 옷인 브라시에르braciere에서 힌트를 얻어 이 제품명을 브래지어라고 붙였다고 한다.

브랜드brand의 원래 의미는 '낙인
을 찍다'이다. 목장에서 기른 가축
이 자기 것임을 표시하려고 찍은
낙인에서 유래했다. 남북전쟁 이
후 소 가격이 오르자 텍사스의 목장주들은 카우보이와 함께
소떼를 몰고 남부에서 북부로 이동했다. 많은 소가 모이자 내
소를 구분하기 어려웠고 이때부터 소에 표시를 하기 시작한
것이 오늘날 브랜드의 시초가 되었다. 소에 낙인을 찍지 않은
소도 있었다. 새뮤얼 매버릭이라는 사람은 특이하게 자기 소
에 낙인을 찍지 않았다. 이때부터 낙인을 찍지 않은 소를 '매
버릭maverick'이라고 불렀다. 오늘날 '매버릭'은 '독불장군, 개
성이 강한 사람'을 의미한다. 지금의 브랜드는 상품이나 회사
를 나타내는 상표를 말한다. 브랜드는 현대의 자본주의를 상
징하는 대표적인 단어이다.

브로커
broker

브로커broker는 술집 주인을 가리키는 말이었다. 중세 시대 브로커는 와인을 싸게 사서 비싸게 팔아 큰 이익을 남겼다. 여기서 '중개인'이라는 의미가 생겨났다. 브로커는 큰 이익을 남기도록 계획을 짜는 사람이다. 따라서 사람들이 브로커를 바라보는 시선은 곱지 않다. 이런 이미지는 범죄조직과 결탁해 선량한 사람들을 꼬드겨 큰 수수료를 챙기는 사람을 브로커라고 부르는 데 크게 기여했다. 하지만 브로커의 원래 의미는 '중개인'이다. 중개인은 법에 정한 대로 상법 행위를 하는 사람을 말한다. 부동산 중개인, 외환 중개인, 상표 중개인, 무역 중개인 등이 있다. 가끔 도매상과 착각하는 사람이 있다. 구매자와 판매자를 중개하는 도매상은 물건의 소유권을 가지고 중개를 하는 반면, 브로커는 물건의 소유와 관계없이 일을 진행한다.

비데bidet는 프랑스어로 '조랑말'이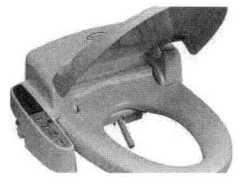
라는 뜻이다. 16세기 프랑스의 화
장실에는 변기 옆에 볼일을 본 다
음 뒤처리를 하는 물 양동이가 있
었는데 그 양동이에 올라앉은 모습이 마치 말을 탄 모습과
비슷하다 하여 이 물 양동이에 '비데'라는 이름을 붙였다. 비
데는 여기서 비롯된 말이다. 비데는 십자군 원정 때 기마부
대의 기사들이 처음 만들어 썼다고 알려져 있다. 말을 오래
타다 보니 치질에 걸린 사람이 많았고, 볼일을 본 후에 뒤처
리 문제를 해결하려고 비데를 만들었다고 전해진다. 비데에
관한 최초의 기록은 18세기 후반 시칠리아 왕비 마리아 카롤
리나 폰 외스터라리히 여왕의 비데 요청서이다. 비데는 크게
유럽식과 일본식으로 나뉜다. 유럽식은 사용하기 불편하므
로 많이 쓰이지 않으며, 지금은 일본식의 전자식 비데가 널
리 쓰인다.

138 비스킷
biscuit

 비스킷Biscuit은 라틴어 '두 번'을 뜻
하는 비스bis와 '요리된 것'을 뜻하
는 키트cuit가 합쳐진 말로, 그대로
직역하면 '두 번 구운 식품'을 말한
다. 빵이나 케이크는 한 번 구워 부드럽기는 하나 휴대가 불
편하다. 반면, 두 번 구운 비스킷은 일그러지지 않을뿐더러
더 작게 만들어 휴대하기 편한 장점이 있다. 오늘날에는 구
운 횟수에 관계없이 밀가루에 버터, 설탕, 우유 등을 섞어 작
게 구워낸 과자류를 모두 비스킷이라고 한다. 비스킷은 7세
기 페르시아에서 처음 만들어졌다. 페르시아 병사들이 처음
사탕수수를 발견했고, 이후 사탕수수를 이용해 쿠키를 만들
기 시작했다. 비스킷은 대항해시대 선원들이 즐겨먹던 음식
이기도 하다. 무적함대라 불린 스페인 함대 선원들은 1파운
드의 비스킷과 1갤런의 맥주를 지급받았다.

비어
beer

비어beer는 라틴어 'bibere' 기원설
과 게르만어 'bior'기원설이 있다.
'bibere'는 마시다는 뜻이며 'bior'
는 곡물을 의미한다. 맥주는 인류

의 역사만큼이나 오래되었다. 인류 문명의 발상지인 메소포
타미아 시대부터 맥주를 만들었고 고대 이집트 무덤에도 맥
주 제조법이 기록되어 있을 정도이다. 이후 맥주는 그리스와
로마인들에 의해 유럽 전역으로 퍼져나갔다. 중세 시대에는
수도원에서 맥주를 만들기도 했다. 수도사들은 금식 기간 동
안 맥주를 마셨다고 한다. 우리나라에 맥주가 처음 들어온 시
기는 1883년이며 1933년 조선맥주(하이트맥주)의 전신인 대
일본맥주에서 처음으로 맥주를 생산했다. 맥주 생산국으로
유명한 나라는 독일, 벨기에, 네덜란드, 덴마크, 영국으로 주
로 북부 유럽이 많다. 그 이유는 남쪽에 비해 포도가 잘 자라
지 않았기 때문이다. 따라서 포도가 잘 자라는 남쪽에서는 와
인을 북쪽에서는 맥주를 주로 마셨다.

비잔티움
byzantium

비잔티움byzantium은 오늘날 터키 이스탄불의 원래 이름이다. 기원전 7세기 이 도시를 건설한 그리스의 장군 '비자스byzas'의 이름에서 유래했다. 건국 이후 페르시아 제국에게 복속되었다가 다시 아테네의 속국이 되었다. 그리고 4세기 무렵 로마황제 콘스탄티누스 1세가 로마의 수도를 비잔티움으로 옮기면서 동로마의 수도가 된다. 이후 도시 이름은 콘스탄티노플로 바뀌는데 '콘스탄티누스의 도시'라는 뜻이다. 15세기 무렵 오스만 제국이 콘스탄티노플을 함락한다. 이때부터 비잔티움은 지금의 '이스탄불'로 불리기 시작했다. '이스탄불'은 터키어이다. 12세기까지 비잔티움 제국은 지중해 지역의 경제와 문화, 학문의 중심지였다. 이 시기 발달한 기독교 기반의 건축과 회화를 가리켜 비잔틴 양식, 비잔틴 미술이라고 부른다.

비즈니스business는 'busi열망하는'와 'ness상태'가 합쳐진 고대 영어로 '열망하는 상태'라는 뜻이다. 현대사회에서 비즈니스는 사업을 경영한다는 의미의 경제 용어로 쓰인다. 인류 역사상 가장 크게 성공한 사업가는 석유왕 '존 데이비슨 록펠러'이다. 사망 당시 그의 재산은 우리나라 돈으로 500조에 달했다. 사실 유전이 처음 발견되었을 때 록펠러는 별 관심을 두지 않았다. 하지만 석유의 잠재적 가치가 드러나기 시작하자 록펠러는 재빨리 석유 정제사업에 뛰어들었다. 결정적인 성공 요인은 경쟁업체의 매입이었다. 록펠러는 경쟁업체를 모두 사들여 석유 사업을 독점하기 시작했고, 독점을 무기로 석유 조달의 핵심인 철도수송비 협상에서 유리한 위치에 선 록펠러는 운송요금까지 저렴하게 이용함으로써 막대한 부를 쌓는다. 하지만 1892년 오하이오 대법은 록펠러가 설립한 스탠더드 오일이 오하이오 주 독점금지법을 위반했다고 판결했다.

142 ● 비키니
bikini

비키니Bikini는 상하가 분리되어 브래지어와 팬티로 이루어진 수영복을 말한다. 1946년 7월 프랑스의 디자이너 루이스 레아르Louis reard가 두 조각의 천으로 만든 수영복이 시초이다. 루이스는 자기가 만든 옷의 이름을 무엇으로 할까 고민하다가 같은 해 6월 미국이 시행한 원자폭탄 실험장 소인 북태평양 마셜군도의 산호섬 '비키니'를 자기 옷의 이름으로 골랐다. '핵폭탄'이 주는 이미지가 자신이 만든 파격적인 의상과 잘 맞아떨어질 거라는 기대에서 붙인 이름이다. 아무리 서양이라고 해도 그 당시는 보수적인 색채가 짙게 남아 있었다. 유럽에서 여성이 허벅지를 내놓는 것은 곧 외설이었다. 이런 상황에서 여성의 몸을 대부분 드러내는 옷을 만들었다는 것은 그야말로 충격이었다. 어쨌든 루이스 레아르의 예상은 정확히 맞아떨어졌다. 한때 유럽 몇몇 나라에서는 비키니의 착용을 금지하기도 했다. 메릴린 먼로와 리타 헤이워드가 비키니를 입고 영화에 출연한 것을 계기로 비키니는 전 세계적으로 주목받기 시작했다.

비타민
Vitamin

비타민Vitamin은 라틴어 'vita생명'와 'amine'의 합성어로 '생명에 꼭 필요한 아민'이라는 의미이다. 비타민은 식품 속에 미량으로 함유된 유기화합물로, 몸 안에서 생성되지 않아 반드시 음식이나 영양제 형태로 섭취해야 하는 물질을 말한다. 1912년 독일계 폴란드인인 카지미르 풍크Casimir Funk는 어떤 화학물질이 바이탈vital, 즉 '생명' 유지에 필수이며, 모두 '치환된 수소 유기물'인 아민amine에 속한다고 보고 그 이름을 바이타민vitamine이라 붙였다. 이후 생명 유지에 필수적인 화학물질이 모두 아민류에 속하는 것은 아니라는 사실이 밝혀지면서 마지막 e를 빼고 비타민으로 수정했다. 1913년 계란 노른자에서 생명체가 자라는 데 꼭 필요한 물질인 성장인자를 분리하여 비타민 A로 이름 붙인 이후 지금까지 총 25종의 비타민이 발견되었고 앞으로도 더 많은 비타민이 발견될 것으로 본다.

144 빨치산
partisan

빨치산Partisan은 프랑스어 빠르티parti에서 유래한 말이다. '당원, 동지'라는 뜻이다. 우리가 흔히 공산당을 부를 때 쓰는 '빨치산'의 어원이기도 하다. 6.25전쟁 직전에 공산 게릴라들이 빨치산으로 활동했기 때문에 빨치산은 곧 공산 게릴라라고 인식하고 있다. 우리나라 빨치산에 관한 기록은 조정래 작가의 작품 〈태백산맥〉에 잘 묘사되어 있다. 빨치산의 어원 '파르티잔Partisan'은 배후에서 벌어지는 비정규전을 의미하는 국제적인 용어이다. 나폴레옹 전쟁 때 나폴레옹이 스페인의 게릴라전에 고전한 것을 계기로 파르티잔과 게릴라를 같은 것으로 보기도 한다. 파르티잔은 정규군과는 별도로 적의 배후에서 일을 도모하는데 주로 적의 통신이나 보급로를 파괴하거나 무기와 물자를 탈취하는 임무를 수행한다. 일반 주민의 협조와 지원이 필요한 임무이기 때문에 해당 지방의 지리나 지형에 밝아야 한다.

빵
pao

빵Bread은 밀가루와 물로 만든 반
죽을 구워 준비한 일반식을 말한
다. 어원을 거슬러 올라가면 '양식'
을 뜻하는 라틴어 파니스panis와 고

대 튜튼어 '브루즈braudz'가 있다. 파니스에서 이탈리아어 파네
pane, 프랑스어 팽pain, 스페인어 판pan, 포르투갈어 팡pao이 파
생되고, 브루즈에서 독일어 브롯(brot), 영어 브레드bread, 네
덜란드어 브루드brood가 파생되었다. 이 중 포르투갈어 팡pao
이 일본을 거쳐 우리나라로 들어오면서 빵으로 바뀌었다. 로
마시대 제빵 기술이 급속히 발전하면서 빵이 널리 확산되었
다. 로마제국의 붕괴와 함께 제빵 기술도 쇠퇴했다가 르네상
스시대를 맞아 다시 질 좋은 빵이 많이 생산되었다. 1683년
네덜란드인 안토니 레벤후크Antonie Leeuwenhoek가 발견한 이
스트균을 빵 발효에 사용함으로써 제빵 기술은 더욱 발전했
고, 오늘날 국제적인 빵 브랜드까지 생겨났다.

사보타주
sabotage

146

사보타주Sabotage는 프랑스어 사보트sabot에서 유래했다. '나막신'이라는 뜻이다. 중세 유럽의 농민들은 영주의 부당한 처사가 있으면 이에 항의하여 나막신으로 수확물을 마구 짓밟았다. 이 행동에서 '고의적으로 상대방에게 손해를 끼치다'를 뜻하는 동사 사보타주sabotage가 생겼다. 산업사회에 접어들어 노동자가 공장에서 일할 때 경영주와 쟁의가 발생하면 기계 속에 모래, 나뭇조각 등을 집어넣어 고의로 기계를 고장 냈으며, 이런 행동을 사보타주라고 하였다. 보통 우리말로 태업怠業으로 순화하여 사용하는데, 실제로 태업보다는 더 강한 뜻이다. 태업은 작업 상태를 유지하면서 의도적으로 작업능률을 저하시키는 쟁의를 말한다. 하지만 사보타주는 고용주를 위한 생산 활동 자체에서 완전히 손을 떼는 스트라이크파업보다는 소극적인 노동쟁의이다. 말하자면 사보타주는 태업과 스트라이크 중간 정도의 노동쟁의라고 생각하면 된다.

사우나
sauna

사우나 Sauna 는 핀란드어로 '와!'라 는 감탄사 쇠 sow 와 '땀을 빼는 방' 을 뜻하는 나 nar 가 합쳐진 말로, '와! 땀을 빼는 방'라는 의미이다.
하지만 보통 '목욕'을 뜻한다. 원시 독일어 'stakna'에서 유래 했다는 설이 존재한다. 사우나는 핀란드 칼렌루야 지방에서 처음 시작되었고, 그 탁월한 효능을 인정받아 전 세계로 퍼졌 다. 정통 핀란드식 사우나는 돌을 달구어 얻은 열기와 그 돌 에 물을 끼얹어 얻은 수증기로 밀폐된 욕실의 온도와 습도를 높여 땀을 뺀 뒤 냉수욕을 하는 방식이다. 특히 혈액순환 촉 진에 효과가 탁월하다고 알려졌다. 하지만 고혈압이나 심장 병이 있는 사람은 지나친 사우나가 오히려 좋지 않을 수 있으 므로 조심해야 한다.

사이렌
siren

사이렌Siren은 경보음이나 그 소리를 내는 장치를 일컫는 말로, 그리스 로마신화에 나오는 바다의 요정 세이렌seiren에서 유래했다. 신화에 따르면 이탈리아 서부 해안의 절벽과 바위로 둘러싸인 섬 사이레눔 스코풀리Sirenum Scopuli에는 세이렌들이 살았다고 한다. 상반신은 여자, 하반신은 물새인 세이렌들은 배가 다가오면 아름다운 노랫소리로 선원들을 유혹해 바다에 뛰어들게 했다. 오디세우스 왕이 트로이 전쟁을 마치고 그 지역을 지날 때도 세이렌들이 아름다운 노랫소리로 선원들을 유혹했고, 일부 선원들이 바다에 뛰어들어 죽는 사태가 일어났다. 이에 오디세우스 일행은 키를 고정시키고 모두 귀를 틀어막아 기둥에 몸을 묶어 유혹을 이겨냈다. 가장 아름다운 노랫소리로 세이렌들이 유혹했음에도 오디세우스 일행이 무사히 그 지역을 통과하자 자존심이 상한 세이렌들은 결국 모두 자살하고 말았다.

사이버네틱스
cybernetics
149

사이버네틱스cybernetics는 '키잡이'를 뜻하는 고대 그리스어 '퀴베르네테스kuvernetes'에서 유래한 말이다. 그리스어 '키잡이'에서 착안해 '사이버네틱스'란 말을 처음 사용한 사람은 1940년대 미국의 수학자이자 전기공학자인 노버트 위너이다. 그가 1948년 쓴 책 제목이 〈Cybernetics, or the Control and Communication in the Animal and the Machine사이버네틱스, 또는 동물과 기계의 제어와 통신〉이다. 위너는 사람의 신경 작용을 신호로 나타내는 새로운 과학을 개발하여 '사이버네틱스'라고 이름 붙였다. 사이버네틱스에서 접두어 사이버cyber만 따로 떼어내어 '가상현실의~, 컴퓨터의~'란 뜻으로 쓰기도 한다. '사이버대학', '사이버테러', '사이버범죄', '사이버펑크'가 대표적이다.

사이보그
cyborg

사이보그Cyborg는 'cybernetics사이 버네틱스'와 'organism생물'의 합성어로 기계와 인간의 결합체를 말한다. 1960년 맨프레드 클라인즈와 네이선 클라인이 쓴 〈사이보그와 우주〉에 처음 등장한다. '안드로이드'와 '사이보그'는 기계라는 점에서 같지만 안드로이드가 인간을 닮은 기계에 가깝다면 사이보그는 'organism'이라는 단어에서 알 수 있듯이 인간과 기계의 혼합을 의미한다. '아톰'이 안드로이드에 가깝다면, '슈퍼맨'은 사이보그에 가깝다. 전설적인 미국 드라마 〈600만 달러의 사나이〉의 주인공 스티브와 영화 〈로보캅〉에 나오는 주인공 로보캅 역시 안드로이드가 아니라 사이보그로 분류된다. 사이보그가 등장하는 최초의 영화는 SF 영화의 효시이기도 한 1927년 프리츠 랑이 만든 〈메트로폴리스〉이다.

사이코
psycho

사이코Psycho는 성격이 이상하거나 정신병적 행동을 하는 사람을 가리키는 말로, 어원은 그리스어 프시케psyche이다. 영어로 유입되면서 사이코psycho로 어형이 변했다. 프시케는 접두사로 쓸 때 '정신'이라는 뜻을 나타내며, 또 그리스신화에 나오는 아름다운 공주의 이름이기도 하다. 프시케 공주가 너무 아름다워 사람들은 미의 여신 아프로디테보다도 그녀를 더 흠모했다. 질투를 느낀 아프로디테는 아들 에로스로 하여금 프시케가 사람들의 사랑을 받지 못하게 했다. 프시케는 비운의 길을 걷게 되었지만, 온갖 고난 끝에 결국 에로스와의 사랑을 되찾고 여신이 되어 '기쁨'이라는 아들을 낳았다. '정신'을 뜻하는 접두사 사이코와 '질환'을 뜻하는 어미 시스(sis)가 합쳐져서 사이코시스psychosis라는 말이 생겼다. 이를 줄여서 '사이코'라고 한다.

사인
sign

사인sign은 시그니처signature의 동사형으로 '서명하다'라는 뜻이다. 고대 프랑스어로는 '표시, 기호'라는 의미를 갖고 있다. 유명한 사인으로는 미국 독립선언서에 처음으로 서명한 존 핸콕의 사인이 있다. 존 핸콕의 사인은 독립선언서의 첫 번째 사인이기도 하지만 크기도 가장 컸다. 따라서 미국에서는 '존 핸콕'이라는 말이 '서명'이라는 말과 같은 뜻으로 쓰인다. 사인sign은 기호나 표시를 뜻하기도 한다. 밤거리를 휘황찬란하게 밝히는 간판을 '네온사인'이라고 부르는데 '네온neon'이라는 기체를 사용해 빛을 내는 간판으로 사람들에게 가게를 표시하는 역할을 하며 '사인 디스플레이'라고 부르기도 한다. 매장 안에서 쓰는 간판은 '서비스 사인'이라고 부른다. 1893년 니콜라 테슬라가 시카고 세계박람회에서 처음으로 네온을 사용해 빛을 밝혔다.

사탄 satan 은 히브리어로 '적'을 뜻한
다. 최초의 등장은 〈구약성서〉 욥
기이다. 사탄은 지상을 돌아다니
면서 왕에게 대적하는 사람을 찾

아내 지옥으로 보내는 일을 하며, 야훼 하느님에 대항하는 영적
무리의 우두머리이기도 하다. 〈신약성서〉에는 35번 나타나
는데 사탄이라고 직접 불리지는 않고 마귀나 뱀, 용, 악한 자
와 같이 다양한 이름으로 등장한다. 이슬람의 성서인 〈코란〉
에는 사탄과 비슷한 '샤이탄 shaitan'이 등장한다. 사탄은 각종
대중매체에 자주 인용된다. 대표적으로 존 밀턴의 〈실낙원〉
이 있다. 이 작품에서 사탄은 천사 미카엘과 가브리엘이 이끄
는 부대와 싸우고 마지막에 가서 하느님이 보낸 예수 그리스
도에 의해 심연의 구렁텅이로 떨어진다. 〈실낙원〉에 나오는
사탄은 작가 존 밀턴을 형상화한 것이다.

154 사파리
safari

사파리safari는 아랍어스와힐리어로 '여행'을 뜻한다. 지금은 자동차를 타고 야생 동물을 구경하는 행위를 '사파리'라고 부른다. 하지만 원래 사파리의 개념은 야생 동물을 구경하는 것이 아니라 사냥하는 것이었다. 수렵인과 야생 탐험대는 총과 탄약, 천막과 식량을 준비하여 현지 인부들과 안내인을 고용해 야생 동물을 사냥하러 다녔는데 이것이 사파리의 시초였다. 한마디로 이 당시 사파리는 수렵 여행이었다. 오늘날 대부분 지역에서 사냥을 금하고 있기 때문에 지금은 야생동물을 보며 즐기는 문화로 바뀌었다. 우리나라에서는 에버랜드(구 자연농원)에서 최초로 사파리 차를 운영했다. 사파리 차를 타고 사자나 호랑이 곰과 같은 맹수를 관람할 수 있다. 지금은 기린이나 코끼리와 같은 초식동물 전용 사파리도 운영하고 있다.

산타클로스
Santa Claus

155

산타클로스Santa Claus는 터키 미라
시 주교인 성 니콜라스Saint Nicholas
에서 유래한 말이다. 성 니콜라스
는 생전 많은 자선 행위를 베풀며
어린아이들의 수호성인으로 인식되었다. 그가 죽은 후에도
계속해서 매년 12월 6일이면 유럽 전역에서 니콜라스 주교로
분장한 어른들이 어린이들에게 선물을 나눠주는 행사를 벌이
고는 했다. 이것이 네덜란드 이주민들에 의해 미국에 전해지
면서 크리스마스 전야의 풍습으로 자리 잡게 되었다. 여전히
많은 어린이들이 크리스마스 전날 밤 산타가 굴뚝을 타고 들
어와 양말 속에 선물을 넣어준다고 믿고 있다. 산타 하면 붉
은색 옷을 떠올리기 쉽다. 이는 미국 음료회사 '코카콜라'에서
겨울철 판매량을 높이려고 홍보 전략으로 산타에게 붉은 옷
을 입히면서 시작되었다는 설이 있다.

156 ● 살사
salsa

살사salsa는 스페인어로 소스를 뜻한다. 멕시코 음식인 타코나 부리토에 넣어 먹는 소스가 바로 살사이다. 따라서 '살사 소스'는 잘못된 표현이다. 살사가 소스라는 의미이기 때문이다. 살사하면 살사 댄스를 떠올리기 쉽다. 살사 댄스의 기원은 'son'으로 스페인식 기타 연주에 전통 아프리카 리듬룸바을 입힌 쿠바의 전통 음악을 말한다. 이 'son'을 살사라고 불렀다. 살사 양념처럼 화끈하다고 해서 붙여진 이름이다. 살사에 맞추어 추는 춤을 살사댄스라고 부른다. 1950년대 미국으로 이주한 쿠바인들에 의해 전해졌다. 하지만 정작 쿠바에서는 '살사'라는 단어를 싫어했다고 한다. 현재 쿠바는 정부 차원에서 살사를 문화산업으로 육성하고 있다. 콜롬비아의 수도 보고타에 있는 콜롬비아 대학교에서는 살사를 정규 수업으로 편성하여 학생들에게 가르치고 있다.

샌드위치
sandwich

157

샌드위치Sandwich는 18세기 영국
의 존 몬테규 샌드위치John Montagu
Sandwich 백작의 이름에서 따온 말
이다. 카드놀이를 무척 좋아하던

영국의 초대 해군 제독 샌드위치 백작은 식사 시간이 되어도
카드놀이 장소를 떠나지 않았을 정도였다고 한다. 그래서 어
쩔 수 없이 하인들이 그에게 음식을 가져다주었다. 백작은 카
드놀이를 하면서 하인이 가져다준 고기와 야채를 빵 사이에
끼워 먹기 시작했다. 맛있고 간편했기에 백작은 이후로도 종
종 빵에 고기와 야채를 끼워 먹었고, 점차 사람들도 그를 따라
하게 되었다. 이렇게 해서 오늘날 많은 사람이 즐겨 먹는 간
편 음식이 되었고 이 음식을 샌드위치라고 부르게 되었다. 하
지만 빵 사이에 고기나 야채를 끼워먹는 풍습은 고대 로마시
대부터 존재했을 만큼 이미 유럽에 널리 퍼져있었다고 한다.

158 샌들
sandal

샌들Sandal은 그리스어 샌달리온 sandalon에서 유래했다. '널빤지'라는 뜻이다. 원래 샌들의 목적은 뜨겁게 달궈진 땅으로부터 발바닥을 보호하기 위함이었다. 지금까지 발견된 가장 오래된 샌들은 기원전 2000년경 이집트에서 파피루스로 만든 샌들이다. 샌들은 주로 종려나무 섬유, 야자수 잎, 파피루스, 양가죽, 소가죽 등으로 만들었다. 왕족이나 귀족이 신던 앞부리가 뾰족한 신발은 동방의 영향을 받은 것으로 보인다. 그러다가 로마시대에 들어 샌들의 황금기가 찾아왔다. 십자군 전쟁 이후부터는 신발이 구두 모양으로 견고성을 갖추기 시작했다. 오랜 행군과 전투 때문에 더욱 견고한 신발이 필요했고, 이를 계기로 샌들은 급격히 쇠퇴하고 구두나 부츠가 널리 사용되다가 18세기 말부터 다시 샌들이 유행하기 시작했다. 오늘날에는 발의 더위를 식히기 위해 여름철에 샌들을 즐겨 신는다.

샐러리
salary ● 159

샐러리Salary는 '소금 돈'을 뜻하는 라틴어 살라리움salarium에서 유래했다. 로마시대에는 소금이 귀하여 그것이 화폐처럼 쓰였고, 군사들에게 급여를 지급할 때 샐러리움으로 지급했다. 여기서 '봉급'을 뜻하는 영어 샐러리가 생겨났다. 한편, '근로자'를 뜻하는 샐러리맨salary man은 샐러리에 맨을 갖다 붙인 일본식 영어이다. 정식 영어로는 샐러리드 워커salaried worker 또는 임플로이employee라고 부른다. 샐러리맨은 보통 화이트칼라사무직 직종에서 일하는 사람을 말한다. 채소의 한 종류인 셀러리celery와 헷갈려 하는 사람이 많다. 샐러리를 샐러리로 적는 바람에 혼돈이 생긴 경우이다, 이는 샐러드의 영향인 듯하다.

샬롬
shalom

샬롬Shalom은 히브리어 샬렘shalem의 명사형으로 '평화, 평강, 화평, 조화'를 뜻한다. 종종 전쟁과 대립되는 개념으로 샬롬이 사용되는데, 그저 전쟁이 없는 소극적인 상태가 아니라 적극적인 평화의 상태를 의미한다. 즉, 개인이나 공동체 생활에서 무언가가 결여되거나 손상되지 않은 충족 상태일 뿐만 아니라 건강, 물질, 관계 등 인간생활의 전 영역에 걸쳐 진정으로 소망하는 상태를 말한다. 유대교와 기독교인들 사이에서 우리말 '안녕하세요'처럼 일상의 인사말로 쓰이기도 한다. 성경에 등장하는 다윗 왕의 셋째 아들 이름이 압살롬인데, '평화의 아버지'라는 뜻이다. 압살롬이라는 좋은 이름과 달리 다윗의 좋지 않은 점만 닮아 아버지에 대항해 싸우다 살해당했다.

샴페인
champagne

샴페인champagne은 프랑스의 샹파뉴champange 지역에서 만든 와인을 말한다. 샹파뉴 지역에서 생산된 포도만을 사용하여 전통 제조법으로 생산한 것만 '샴페인'이라는 이름을 붙일 수 있다. 19세기 모에 상동이라는 샴페인 제조회사가 나폴레옹을 초대해 대접한 일이 있었는데, 모에 상동 샴페인의 맛에 반한 나폴레옹은 모에 상동 대표에게 프랑스에서 가장 명예로운 훈장인 레지옹 드뇌르 훈장을 수여했다. 이를 계기로 모에 상동 샴페인은 전 유럽의 사교계에서 폭발적인 인기를 누렸다. 모에 상동은 지금까지 가장 인기 있는 샴페인인 '브뤼' 샴페인에 황제라는 뜻의 '임페리얼' 상표를 넣어 판매하고 있다. 선박 건조를 끝내면 진수식을 하는데 이때 샴페인 병을 배의 앞머리에 깨트리는 전통이 있다. 이때 샴페인 병이 깨지지 않으면 불길한 징조로 여긴다. 대표적으로 러시아의 k-19 잠수함이 있다. k-19 잠수함은 동명의 영화가 나올 정도로 크고 작은 사고가 끊이지 않았다.

샴푸
shampoo

샴푸Shampoo는 힌디어 참포champo에서 유래했다. 머리 감는
데 사용하는 액체비누 또는 머리를 감는 행위를 말한다. '미
소를 머금은 꽃'이라는 뜻의 함소화含笑花를 동남아 지방에서
는 참파카champaca라고 한다. 오래전부터 인도인들은 향이 진
한 참파카 꽃에서 향료를 추출해 머리를 감아왔는데, 여기서
'마사지하다, 누르다'라는 뜻의 힌디어 참포가 생겨났다. 이것
이 영어로 유입되면서 샴푸로 변했다. 참포가 서양에 소개된
것은 1762년이다. 그 당시에는 살롱에서 손님들의 머리를 관
리해 주는 데 쓰는 제품이었다. 19세기에 들어와 독일의 화
학자들은 비누 성분을 쓰지 않아도 되는 합성세제를 개발했
다. 1차 세계대전 이후 '머리 전용세제'가 나오면서 샴푸는 상
업화의 길을 걷기 시작했다. 현대식 샴푸는 1934년 미국의
P&G에서 처음 만들었다. 상표명은 '드린샴푸'였다.

샹들리에
chandelier

163

샹들리에Chandelier는 라틴어 칸델
라브룸candelabrum에서 유래했다.
'장식을 한 전등'을 말한다. 칸델라
브룸이 프랑스어로 유입되어 '양
초'를 뜻하는 샹델chandelle과 '촛대'를 뜻하는 샹들리에가 되었
다. 초기 샹들리에는 부유층에서만 사용했다. 이때 사용하던
샹들리에는 들고 다닐 수 있었다. 고대 시대 조명기구는 기능
적인 요소가 강했으나 점차 장식적인 용도로 쓰이면서 샹들
리에는 호화로움의 상징이 되었다. 18세기에는 공예품에 가
까운 조명기구가 궁전과 대저택에 설치되었다. 샹들리에라
는 명칭은 촛대와 양초가 사라진 이후에도 사라지지 않고 살
아남았다. 19세기에 전구가 발명됨에 따라 샹들리에는 더욱
호화로워져 조명과 인테리어를 겸한 형태로 발전했다.

샹송
chanson

샹송Chanson은 '노래, 가요'를 뜻하는 라틴어 칸티오cantio에서 유래했다. 칸티오가 프랑스로 넘어오면서 샹시온chancon이 되었고 이것이 오늘날 프랑스 대중 사이에서 널리 불리는 대중가요인 샹송chanson으로 발전했다. 이탈리아의 칸초네canzone 나 스페인의 칸시온cancion 역시 칸티오에서 유래한 말이다. 샹송은 원래 가톨릭 사제들이 부르던 성가였다. 이후 프랑스 귀족인 음유시인들에 의해 가요로 발전했다. 샹송은 가사를 중시하여 이야기풍으로 구성된 노래이다. 유명한 문학작품에 곡을 붙인 샹송을 리테레르chanson littraire라고 하며, 어떤 가수가 크게 히트시킨 새로운 샹송을 크레아송creation이라고 한다. 유명한 샹송 가수로는 이브몽땅이 있으며 세기의 미남 알랭들롱 역시 좋은 목소리 덕분에 샹송 가수로 이름을 날리기도 했다.

서바이벌
survival

서바이벌 survival은 라틴어 동사 'survive 살아남다'에 명사형 접사 '~al'이 붙은 단어로 '살아남음'이라는 뜻을 가지고 있다. 우리말로 풀이하면 '생존'이라고 말할 수 있다. 이 단어가 들어가는 유명한 게임으로 '서바이벌 게임'이 있다. 한마디로 '생존게임'이다. 안전한 전투장 비를 착용한 후 서로 전쟁을 벌이는 레포츠의 하나이다. 미국 퇴역 장군들이 모여 만든 전투게임이 시초다. 국내에는 1980년대에 처음 소개되었으며 점점 동호회가 늘어나 지금은 인지도가 높은 레포츠로 성장했다. 방송에서도 서바이벌 오디션과 같은 서바이벌 시스템을 도입한 프로그램이 많은 사랑을 받고 있다. 출연자들은 생존과 탈락의 갈림길에서 처절한 경쟁을 벌이는 데 이러한 생존 방식은 인간의 본능을 자극하기 때문에 시청자들은 손에 땀을 쥐며 방송에 빠져들게 된다.

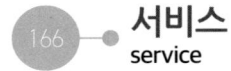

서비스
service

서비스Service는 그 어원이 '노예'를 뜻하는 라틴어 세르부스 servus에 있다. 세르부스가 영어로 유입되면서 '종'을 뜻하는 서번트servant와 '시중들다'를 뜻하는 서비스로 발전했다. 어원에서 알 수 있듯이 서비스는 신분이 낮은 사람이 신분이 높인 사람을 모신다는 개념이었다. 따라서 이 단어에는 굴종의 의미가 포함되어 있었다. 하지만 현대에 들어 서비스는 상대방과 자신의 기쁨을 동시에 추구하는 행위, 베푼 사람이나 받는 사람 모두에게 보람이 있는 개념으로 바뀌어가고 있다. 경제 용어로도 많이 사용되는데, 사람에게 편리함을 주는 유무형 상품을 판매하는 행위를 일컫는다. 이렇게 서비스를 제공하는 산업을 3차 산업이라고 부른다.

설루션
solution

설루션solution은 라틴어 'solve'에서 온 말로 '풀다'라는 뜻의 동사이다. 여기에 명사형 접미사 'ion것'이 붙어 '푸는 것'이라는 의미로 변하였다. 컴퓨터의 등장으로 '설루션'이란 말이 널리 쓰이기 시작했다. '설루션'은 소프트웨어, 응용프로그램, 운영 체계와 같은 컴퓨터 관련 업무에서 사용자가 어려움을 겪지 않고 원하는 일을 할 수 있도록 해법을 제시하는 것을 말한다. 현대 사회에서 '설루션'은 단순히 컴퓨터에 관한 문제를 해결하는 수준을 넘어 다양한 곳에서 쓰이고 있다. 이 말을 가장 많이 쓰는 곳은 기업이다. 한때는 '컨설팅'이라는 말을 많이 썼지만, 지금은 '설루션'이라는 말을 더 많이 쓴다. '컨설팅'이 단순히 '제안'하는 것이라면 설루션은 '제안'을 넘어 어원처럼 엉킨 실타래를 풀어주는 '해법'까지 제시한다는 점에서 더 직관적이고 매력적이다.

168 세단
sedan

세단sedan은 라틴어로 '의자'란 뜻이다. 오늘날 세단은 4개의 문과 고정식 지붕, 그리고 앞뒤로 엔진 룸과 트렁크를 갖춘 자동차를 말한다. 왜건형이나 해치백형, SUV, 승합차, 쿠페 등을 제외한 차가 여기에 해당한다. 세단은 주로 미국에서 쓰는 말이다. 영국에서는 '살룬saloon'이라고 부르고, 독일에서는 '리무진 limousine'이라고 부른다. 우리나라에서는 한때 세단이라는 말을 고급차의 대명사처럼 사용했다. 하지만 세단은 자동차의 일반적인 형태를 의미하는 단어이므로 등급과는 아무 상관이 없다. 승용 마차가 보급되기 이전 프랑스의 스당sedan이라는 마을에서 귀부인들이 남자가 운반해 주는 가마를 타고 다녔는데 이 지역의 이름에서 유래했다는 설이 존재한다. 최초의 세단형 자동차는 1915년 포드에서 생산한 '모델 T'이다.

세레나데Serenade는 이탈리아어 세레노sereno에서 유래했다. '맑게 갠'이라는 뜻이다. 원래는 '달 밝은 밤에 연인의 집 창가에서 부르는 사랑의 노래'를 가리켰으나, 차츰 음악 용어가 되어 '다악장의 기악 앙상블 또는 오페라풍의 가곡'을 일컫게 되었다. 이후 연흥을 위한 가벼운 연주곡으로 발전했다. 이탈리아에서는 세레나데 말고 '디베르티멘토divertimento'라고도 하는데 디베르티멘토가 '기분전환'이라는 뜻이다. 대표적인 작품으로는 모차르트의 〈작은 소야곡〉, 차이콥스키의 〈현을 위한 세레나데〉, 슈베르트의 〈세레나데〉 등이 있다. 우리말로는 '소야곡小夜曲'으로 번역한다. 90년대 인기그룹 '도시의 아이들'이 부른 노래 가운데 〈달빛 창가에서〉가 있는데, 이 노래에는 세레나데의 원래 의미가 고스란히 담겨있다.

170 세미나
seminar

세미나Seminar는 '기르다'라는 뜻의 라틴어 semin과 '것'을 뜻하는 ar이 합쳐진 말로, '기르는 것'을 의미한다. 현대로 넘어오면서 '양성소'를 뜻하는 말로 사용되다가 '대학교수와 학생들이 모여 발표와 토론을 하는 연구모임'의 뜻으로 확대되었다. 우리나라에서는 수업방식으로서 보기 드물지만, 해외에서는 아주 중요한 수업방식으로 자리 잡았다. 처음 세미나를 도입한 나라는 독일이다. 세미나는 일방적인 주입식이 아니라 여럿이 참여하는 참여형 교육방식으로 교육 효과가 높다는 장점이 있다. 요즘은 대학교뿐만 아니라 여러 분야에서 세미나 형식의 토론회가 자주 열린다. 전문가와 여러 사람이 모여 하나의 주제를 놓고 토론하는 형식을 모두 세미나라고 보면 된다. 그런 의미에서 '브레인스토밍'도 세미나의 한 종류이다.

셔츠shirt는 고대 영어로 '짧게 잘린 의복'을 뜻한다. 목 부분의 칼라와 소매 부분의 커프스 단추가 특징으로 교복이나 정장 안에 입는 옷

을 말한다. '드레스 셔츠'라고 부르기도 한다. 우리에게 친숙한 '와이셔츠'는 일본인이 드레스 셔츠를 잘 못 이해하고 쓰기 시작한 말이다. 셔츠는 대부분 흰색인데 일본인이 '화이트 셔츠'를 '와이셔츠'로 발음하면서 이 단어가 우리에게 건너와 쓰이기 시작했다. 따라서 미국 사람에게 '와이셔츠'라고 하면 알아듣지 못한다. 이와 비슷한 사례로 '핸드폰'이 있다. 미국 사람에게 '핸드폰'이라고 말하면 알아듣지 못한다. '셀룰러 폰'이나 '스마트폰'이라고 해야 한다. 셔츠에는 정장 안에 입는 '드레스 셔츠'와 흔히 '남방'이라 부르는 '캐주얼 셔츠'가 있다. '남방'은 주로 동남아 지역南方 사람들이 즐겨 입는 옷이라 하여 붙여진 이름이다. 날씨가 더운 동남아 사람들은 소매가 짧고 통풍이 잘 되는 헐렁한 옷을 즐겨 입었다.

수프
soup

수프soup는 스튜stew와 함께 빵을 찍어 먹는 액체형 음식인 'sop'에서 유래했으며, 단어의 기원은 '빵을 적신다'는 뜻을 가진 라틴어 'suppa'이다. 스튜와 수프는 다양한 재료와 물을 섞어 끓여 먹는 요리의 하나로 우리나라의 '국'에 해당한다. 최초의 수프는 기원전 6000년까지 거슬러 올라가는 만큼 역사가 아주 긴 음식 중의 하나이다. 식당을 의미하는 '레스토랑'은 원래 수프를 파는 가게였다. 판매용 수프는 1897년 미국의 화학자 존 도랜스 박사가 처음으로 만들었다. 이 수프는 농축 수프였다. 수프 하면 따뜻한 수프를 떠올리지만 차게 해서 먹는 수프도 있다. 스페인의 가스파초와 폴란드의 흘로드니크, 이스라엘의 샤브가 대표적이다. 서양에서는 감기에 좋은 음식으로 취급된다. 닭으로 만든 수프를 감기약 대신 먹는다.

스낵 Snack은 '얼른 한입 먹다'를 뜻하는 네덜란드어 스나켄 snacken에서 유래했다. 스나켄이 영어로 유입되는 과정에서 스낵이라는 명사로서 탄생했고, 그 의미도 '쉽게 요리해서 간단히 먹을 수 있는 것'으로 변했다. 오늘날에는 스낵이라는 말의 적용 범위가 확대되어 부담 없이 간단히 먹을 수 있는 과자류나 면류 등을 포함한다. 패스트푸드와 비교가 되기도 하는데 패스트푸드는 말 그대로 빠르게 나오는 음식을 말하는 반면 스낵은 간소한 음식의 개념이 강하다. 패스트푸드로 한 끼를 해결할 수 있지만 스낵은 한 끼 식사가 되지 않은 적은 양을 말한다. 출퇴근 시간 짬을 이용해 잠깐 즐기는 문화 콘텐츠를 '스낵 컬처'라고 한다. 스낵처럼 빠른 시간에 간단히 즐길 수 있다고 해서 붙여진 이름이다. 대표적인 스낵 컬처 콘텐츠로는 웹 소설, 모바일 영화, 웹툰, 웹드라마 등이 있다.

스캔들
scandal

스캔들Scandal은 그리스어 스캔달론scandalon에서 유래했다. '거꾸로 매달아 올리는 함정'을 뜻한다. 함정이라는 뜻에서 알 수 있듯이 스캔들은 부정적인 의미이다. 오늘날 스캔들은 유명 연예인이나 정치인이 저지른 부적절한 행태를 이르는 말이다. 여기서 부적절한 행태는 주로 이성과의 사이에서 벌어지는 일들을 말한다. 이러한 행각이 발각되지 않으면 괜찮지만 언론은 이러한 것을 밝혀내서 먹고사는 사람들이므로 이들의 덫을 피하기가 쉽지 않다. 그런 의미에서 스캔들의 원래 의미인 '함정'이란 말은 적절하다 할 수 있다. 역사상 최초의 스캔들은 그리스 신화로까지 올라간다. 미의 여신 비너스는 남편 헤파이스토스 몰래 군대의 신 마르스와 사랑을 나눈다. 하지만 헤파이스토스가 설치해 놓은 그물에 걸려들고 만다. 단순한 열애설을 스캔들이라고 부르기도 하는데 이는 잘못된 표현이다. 스캔들은 어디까지나 부적절한 관계만을 의미한다.

스케줄schedule은 라틴어 'schedula'에서 온 말로 '종이, 낱장'을 뜻한다. 이 말이 영어로 넘어오면서 '시간표'라는 뜻으로 변했다. '일정관리스케줄 관리'는 성공한 사람들이 공통적으로 중요하게 여기는 항목이다. 당장 오늘 할 일이나 앞으로 진행할 일들을 얼마나 잘 정리하고 실천하느냐에 따라 성패가 갈린다. 개인이든 회사든 마찬가지다. 잘 정리해 놓은 스케줄은 시간 낭비를 막아주고 에너지를 효율적으로 쓰도록 한다. 많은 사람이 대수롭지 않게 여기는 시간과 에너지는 돈보다 더 중요한 가치를 지닌다. '기회비용'은 선택하지 않은 것들의 희생 값이다. 잘 짜인 스케줄은 잃어버린 잠재적 이익이 최소화되도록 하는데 중요한 역할을 한다. 초등학교 교과서에 '시간을 관리하는 방법'이 실려 있을 정도로 스케줄 관리는 현대 사회에서 꼭 알아야 할 중요한 요소이다.

176 스쿨
school

스쿨School은 '여가'를 뜻하는 그리스어 스콜레khole에서 유래
했다. 스콜레가 고대 영어 스콜레schole를 거쳐 오늘날의 학교
를 의미하는 스쿨이 되었다. 스콜레가 '여가'에서 '학문을 닦
는 장소'로 바뀐 이유는 고대 그리스 귀족들의 영향이다. 그
리스 귀족들은 육체노동은 노예들에게 맡기고 자신들은 한
장소에 모여 철학이나 예술에 관하여 열띤 토론을 펼치며 시
간을 보냈다. 이때부터 스콜레에 여가 이상의 의미가 담기
기 시작했다. 이것이 오늘날 학교를 가리키는 스쿨의 원형이
다. 학자나 학파를 의미하는 스콜라scholar도 스콜레에서 파생
했다. 스콜라철학은 신학을 바탕을 두고 있으며, 인간이 지닌
이성조차 신의 테두리 안에서 이해함으로써 모든 문제를 신
앙에 따라 해결하려고 했다.

스타디움
stadium

스타디움Stadium은 그리스어 스타
디온stadion에서 유래했다. '경기장'
을 뜻한다. 이 스타디온이 라틴어
스타디움으로 변했고, 그대로 영
어로 유입되었다. 원래 스타디온은 600피트를 의미하는 길이
의 단위였다. 미터법으로 환산하면 180m가 조금 넘는다. 처
음에는 1스타디온의 거리를 걷는 도보경주를 일컫는 말이었
다. 이것이 도보 경기장 자체를 뜻하는 말로 변하였다. 지금
도 그리스의 올림피아나 델피에는 1스타디온 크기의 경기장
유적들이 남아 있다. 오늘날에는 육상 경기장뿐만 아니라 축
구 경기장, 야구 경기장, 사이클 경기장 등 관람석을 갖춘 경
기장을 모두 스타디움이라고 한다. 가장 오래되고 가장 유명
한 스타디움으로 로마의 '콜로세움'이 있다. 네로 황제가 폭정
으로 살해된 후 황제로 등극한 베스파시아누스 황제가 네로
궁전을 헐고 그 위에 만든 것이 바로 콜로세움이다.

스타킹
stocking

스타킹Stocking은 고대 영어 스토쿠 stocu에서 유래했다. '소매'를 뜻한 다. 스토쿠가 오늘날의 스타킹으 로 바뀐 것은 16세기 말부터이다. 본래 스타킹은 남성의 전유물이었다. 중세 시대 유럽의 병사 들이 갑옷 안에 입던 옷이었다. 4세기경 성직자들이 무릎 위 까지 올라오는 하얀 스타킹을 신었는데, 5세기경에 지어진 교회 안의 벽화를 보면 성직자들이 허벅지까지 올라오는 스 타킹을 신었음을 알 수 있다. 여성들이 스타킹을 신기 시작한 시기는 14세기 초반부터지만 그리 즐겨 신지는 않았다. 그러 다 16세기 말 영국의 목사 윌리엄 리Willam Lee가 양말 짜는 기 계를 발명하여 편물 스타킹이 등장한 후 상류층 여성들 사이 에서 점차 애용하기 시작했다. 피부가 드러나는 스타킹이 만 들어진 것은 1920년대부터이다. 1959년 저렴하고 탄력성이 좋은 팬티스타킹의 개발과 미니스커트의 등장으로 스타킹은 오늘날까지도 여성들의 패션 아이템으로 많은 사랑을 받고 있다.

스테이션station의 어원은 라틴어 'statio'이다. '서 있다'라는 뜻이다. 영어의 'station'은 여기에 무언가를 하는 '장소'의 의미가 추가되어 역이나 정거장을 뜻하는 말이 되었다. 가장 유명한 'station'은 'space station우주 정거장'이다. 우주정거장은 사람이 장기간 우주에 머물며 다양한 실험과 관측을 하도록 만든 구조물이다. 최초의 우주 정거장은 소련이 만든 '살류트 1호'이다. 달 착륙을 미국에 빼앗긴 소련이 이를 만회하려고 만든 것이 바로 우주 정거장이다. 미국의 NASA나사가 만든 최초의 우주 정거장은 '스카이랩'이다. 소니는 닌텐도와 함께 시디롬 드라이브 개발을 추진하던 중 자체 콘솔 게임기를 출시했다. 1994년 처음 세상에 모습을 보인 이 게임기는 세계에서 가장 많이 팔린 콘솔용 브랜드에 선정되어 기네스북에 올랐다. 이 게임기 이름은 '플레이스테이션(놀이터)'이다.

스토리
story

스토리story는 고대 그리스어 'histor'에서 온 말이다. 역사를 뜻하는 'history'와 어원이 같다. 'histor'는 '지식이 많은 사람'을 뜻한다. 스토리와 비슷한 말로 내러티브narrative가 있다. 스토리가 내러티브보다 좀 더 넓은 의미이다. 사건을 이야기로 바꿀 수 있는 종은 인간이 유일하다. 구석기 시대 동굴 벽화에서 오늘날 스마트폰에 이르기까지 인간은 끊임없이 도구를 사용해 사건을 기록해왔다. 기록은 인류의 가장 독특한 특징 가운데 하나이다. 인간은 이야기를 좋아한다. 이야기로 내용을 전달하는 스토리텔링이 유행하는 이유가 여기에 있다. 과학, 철학, 게임, 문화 등 모든 분야에서 스토리텔링은 큰 힘을 발휘한다. 스토리텔링의 효과는 경험을 공유한다는 데 있다. 인간은 사회적 동물로 끊임없이 소통하고 싶어 한다. 이야기는 인간의 소통 욕구를 충족시켜주는 대표적인 도구이다.

스튜어디스
stewardess

스튜어디스Stewardess는 고대 영어
'돼지우리'를 뜻하는 스튜stew, '지
키는 사람'을 뜻하는 워드ward, 여
성을 나타내는 접미사 이스ess가

합쳐진 말이다. 말 그대로 '돼지우리를 지키는 여자'라는 뜻
이다. 집에서 일하는 주부 정도로 해석되는 말인데 다소 거칠
기는 하지만 시대를 반영해서 이해해야 하는 부분이다. 당시
가축은 아주 중요한 재산이었다. 남자들이 산이나 바다로 일
하러 가고 나면 여자들은 집에 남아 소중한 재산을 지켜야 했
다. 그런 의미에서 본다면 스튜어디스는 소중한 재산을 지키
는 중요한 임무를 맡은 사람이라고 해석할 수 있다. 이후 봉
건 사회가 되면서 스튜어디스는 여집사나 소작농을 부르는
말로 바뀌었고 현대로 넘어오면서 여승무원을 일컫는 말로
변했다. 최초의 여승무원은 1930년 미국의 '보잉 에어 트랜스
포트'사에서 채용한 8명의 간호사였다.

스티커
sticker

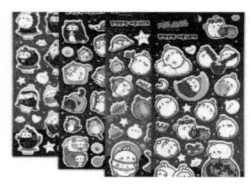

스티커 sticker 는 막대기를 뜻하는 'stick'과 사람이나 도구를 뜻하는 '~er'이 붙은 말이다. 'stick'에는 막대기 말고도 동사로 '찌르다, 붙이다'라는 뜻이 있다. 따라서 'sticker'는 붙이는 도구를 의미한다. 현대의 스티커는 라벨의 일종으로 접착제를 추가하여 인쇄한 종이나 플라스틱을 말한다. 스티커는 기능성을 강조한 상품이다. 예쁜 이미지를 그려 넣어 무언가를 꾸미거나 중요한 일정이나 내용을 적어 붙여두는 용도로 많이 쓰인다. 우리가 흔히 쓰는 '포스트잇'도 스티커의 한 종류이다. 포스트잇은 재미있는 탄생 비화를 가지고 있다. 원래 포스트잇은 강력한 접착제를 개발하는 과정에서 나온 실패작이었다. 담당 개발자들은 개발비가 아까워 이 실패작을 어떻게 하면 활용할 수 있을까 고민했다. 그러던 중 한 개발자가 찬송가 책갈피로 써보니 그만이었다고 말했고 이를 받아들인 개발자들은 쉽게 붙였다 뗐다 하는 기능을 살려 제품화하는데 성공했다. 이것이 바로 '포스트잇'이 탄생한 배경이다.

스팸 spam 은 미국 하멜 homel 사에서
만든 식품 이름이다. 이름의 유래
는 여러 가지가 있는데 다음과 같
다. '양념이 된 햄 spiced ham'의 줄임
말, '앞다리살과 뒷다리살 shoulder of pork and ham'의 줄임말, '남
은 고기 spare meat'의 줄임말, '특수 가공된 미국산 고기 specially
processed american meat'의 줄임말. 2차 세계대전 때 미군 병사들
의 식량으로 보급되면서 큰 인기를 끌었다. 미군이 주둔했던
괌이나 하와이, 그리고 필리핀을 비롯한 태평양 지역의 식문
화에 큰 영향을 끼칠 정도로 스팸의 인기는 대단했다. 우리나
라 역시 한국 전쟁 때 널리 퍼졌다. 불필요한 인터넷 메일을
'스팸 메일'이라고 부른다. 여기서 말하는 '스팸'이 바로 호멜
사의 '스팸'이다. 스팸을 큰 소리로 합창하자 식당에 있는 다
른 사람들이 불편해했다는 1970년대 코미디 프로그램의 한
에피소드에서 유래했다고 알려져 있다.

184 스포일러
spoiler

스포일러spoiler는 라틴어 'spoil약탈하다'에서 유래했다. 이 단어가 영어로 넘어오면서 '망치다'라는 뜻이 되었다. 현대에서는 영화나 소설 등의 내용이 미리 관객과 독자에게 알려지는 것을 말한다. 1970년대부터 쓰던 말이지만 우리나라에 널리 알려진 계기는 영화 〈유주얼 서스펙트〉와 브루스 윌리스 주연의 〈식스 센스〉부터다. 두 영화의 공통점은 후반에 극적인 반전이 기다리고 있다는 점인데, 영화를 본 사람들이 영화를 보려고 기다리는 사람들 앞에서 큰 소리로 결과를 이야기하는 일이 벌어졌다. 이때부터 스포일러라는 단어가 대중들 사이에 널리 알려지게 되었다. 스포일러는 돈을 내고 찾은 다른 관람객의 소비가치를 떨어뜨릴 뿐 아니라 작품의 흥행에도 치명적인 결과를 가져온다. 최근 들어 영화 제작사와 배급사는 스포일러 방지를 위해 많은 노력을 기울이고 있다.

스포츠sports는 '물건을 옮기다'라
는 뜻의 라틴어 포르타레portare에
서 유래했다. 여기에 접두사 데de
가 붙어서 '슬픈 정신 상태를 없애

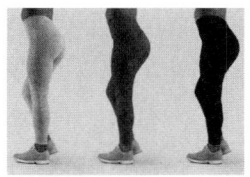

다'라는 뜻의 데포르타레deportare가 파생되었고, 다시 '흥겹게
놀다'라는 뜻의 영어 디스포트disport가 파생되었다. 이 디스포
트의 줄임말 복수형이 바로 스포츠이다. 스포츠를 즐겼던 기
록은 고대로 거슬러 올라간다. 기원전 2000년 경 중국에서는
체계적으로 체조와 같은 운동을 즐겼던 기록이 있고 메소포
타미아나 이집트 문명에서도 원반던지기와 창던지기를 즐겼
다는 기록이 남아있다. 원래 스포츠는 '흥겹게 놀다'라는 어원
에 알맞게 사냥이나 사격 낚시와 같은 야외 오락거리를 지칭
하는 말이었다. 오늘날에는 취미로 즐기는 놀이 외에 체계적
인 규칙을 갖춘 정식 운동경기를 포함하는 말로 바뀌었다.

186 — 스폰서
sponsor

스폰서sponsor는 'spons약속하다'와 '~or'이 결합한 말로 '약속하는 사람'이라는 뜻을 담고 있다. 어원은 라틴어 'spondere'이다. 오늘날 스폰서는 보증인이나 후원자를 의미한다. TV 광고, 영화제작, 자선행사와 같이 영상물 제작을 지원하거나, 어려운 사람을 뒤에서 돕는 일을 하는 사람을 주로 스폰서라고 부른다. 프로스포츠에도 스폰서가 존재한다. 스포츠 스폰서는 타이틀 스폰서와 서브 스폰서로 나뉜다. 타이틀 스폰서는 주 스폰서로서 대회 명칭이나 기념품에 이름을 넣는 네이밍 라이트를 얻는다. 서브 스폰서도 점차 비중이 커지고 있다. 특히 재정이 부족한 구단이나 시민 구단은 서브 스폰서가 밥줄이나 마찬가지다. 테러를 사주하여 특정 사건을 일으키는 테러 지원국이나 검사의 뒤를 봐주면서 판결을 유리하게 이끄는 스폰서 검사의 등장으로 '스폰서'라는 단어에 부정적 의미가 생겨났다.

슬로건
slogan

187

슬로건Slogan은 스코틀랜드 게일어 슬루아-가름sluagh-ghairm에서 유래했다. 슬루아-가름은 위급할 때 여러 사람이 함께 짧고 강하게 외치는 소리 또는 군대의 함성을 뜻한다. 오늘날 슬로건은 대중이나 집단이 자신들의 요구를 간결하게 나타내기 위해 쓰는 구호를 가리킨다. 슬로건은 시민운동이나 시위에서 많이 쓰이지만 정치인의 선거 캠페인이나 상업광고로 많이 활용된다. 경제적인 용어로서 슬로건은 기업의 이미지를 개선하거나 강화하는 데 쓰인다. 삼성은 '믿을 수 있는 친구'라는 슬로건을 SK텔레콤은 '대한민국을 새롭게 하는 힘'이라는 슬로건을 내걸기도 했으며 가장 유명한 슬로건은 나이키의 'JUST DO IT'이다. 대중은 어떤 암시에 의해 움직이는 경향이 강한데, 정서적이고 단순한 슬로건이 강력한 효과를 발휘하는 경우가 많다.

시니컬
cynical

시니컬Cynical은 '개와 같다'는 의미의 고대 그리스어 '시니코스 Cynicos'에서 유래한 말이다. 그리스 도시국가의 총사령관으로 임명된 알렉산더Alexander 대왕은 제일 먼저 철학자 디오게네 스Diogenes를 찾아갔다. 알렉산더는 그에게 가르침을 받기를 원했으나 디오게네스는 '햇빛을 가리지 말고 비켜 달라'고 말 한다. 알렉산더와 함께 그를 찾은 다른 철학자들은 그를 보며 비웃었지만 알렉산더 대왕은 그의 삶을 부러워했다고 한다. 철학자 디오게네스는 이처럼 자유분방하게 사는 사람이었 다. 그는 원형 통 안에서 개처럼 살았다고 전해진다. 바로 여 기에서 견유학파犬儒學派라는 말이 생겼다. '개와 같은 삶을 사 는 철학자들'을 일컫는 말이다. 견유학파란 최저 생활에 만족 하며 부와 영화를 냉소적으로 바라보는 철학 사조를 말한다. 이렇게 해서 냉소주의라 불리는 시니니즘Cynicism이 탄생했고 여기서 시니컬이 파생되었다.

시트콤Sitcom은 시추에이션 코미디situation comedy의 줄임말이다. 우리말로는 '상황극'이라고 부른다. 등장인물의 성격이나 행동에 초점을 맞추기보다는 상황에 초점을 맞추어 이야기를 끌어가면서 그 안에서 웃음을 유발하는 형태로 꾸며진 코미디극을 말한다. TV 시트콤은 항상 고정 연기자와 동일 세트가 등장하지만, 매번 다른 상황이 전개되는 것이 특징이다. 시트콤은 처음 미국에서 대중적 인기를 끌면서 전 세계적으로 유행하였다. 우리나라는 1993년 방영한 〈오박사네 사람들〉이 최초의 시트콤이다. 이후 2000년대 후반까지 시트콤의 전성기를 누렸다. 시트콤이 배출한 스타만도 오지명, 박영규, 박미선, 권오중, 박해미, 최민용, 서민정 등 수없이 많다.

실루엣
silhouette

실루엣Silhouette은 프랑스 재정부 장관 에티엔 실루엣Etienne Silhouette 의 이름에서 유래했다. 오늘날 실루엣은 희미한 그림자나 윤곽이나 외형을 일컫는 말이다. 재정적으로 곤경에 처한 프랑스의 루이 15세는 재정부 장관으로 에티엔 실루엣을 기용한다. 실루엣은 강력한 긴축재정을 실시했다. 그는 그림 하나를 그릴 때도 경제성을 따져야 한다고 강조하면서 초상화를 예로 들었다. 그는 초상화를 그릴 때 검은색 물감을 너무 많이 쓰지 말아야 한다면서 머리를 표현할 때는 최대한 희미하게 그리도록 했다. 이와 같은 과도한 절약 정책은 프랑스 시민들의 반발을 불러왔고 결국 그는 8개월 만에 장관직에서 물러났다. 이후 사람들은 실루엣 하면 희미한 그림자를 먼저 떠올렸다. 이때부터 실루엣은 희미한 무언가를 뜻하는 말로 쓰이기 시작했다.

심포지엄Symposium은 그리스어 심포시온Symposion에서 유래했다. 고대 그리스 시민들의 잔치 문화를 일컫는 말이다. 이 잔치에 모인 사람들은 화기애애한 분위기에서 토론회를 진행했다. 그리스의 많은 철학자들은 심포시온 잔치에서 자신들의 사상을 드러냈다. 이때 제자들이 토론 내용을 요약정리했는데 지금까지 많은 기록이 남아있다. 유명한 심포시온으로는 플라톤의 〈심포시온〉이 있다. 주된 내용은 소크라테스가 친구들과 모여 술을 마시면서 노는 이야기이다. 이야기의 핵심 주제는 '사랑이란 무엇인가?'이다. 이러한 플라톤의 사랑에 대한 독특한 견해에 따라 학술이나 생활상 중요한 문제를 공공장소에서 자유롭게 토론하는 것을 '심포지엄 정신', 즉 '향연 정신'으로 받아들여졌고, 마침내 토론회 자체를 심포지엄이라고 부르게 되었다.

아르바이트
Arbeit

아르바이트Arbeit의 어원은 독일어 아르바이텐arbeiten이다. '일하다'는 뜻이다. 이 단어가 일본으로 넘어가 '아르바이트'가 되었고 이것이 그대로 우리에게 전해졌다. 일본에서는 아르바이트를 줄여 '바이토'라고 부른다. 어원에서 알 수 있듯이 시간제 일을 말하는 것이 아니었다. 제2차 세계대전 이후 각국의 경제 상황이 악화하자 일자리를 얻기가 힘들어졌다. 특히 대학생들이 일자리를 얻지 못하는 것이 가장 큰 문제였다. 이에 당국은 학생들의 일자리를 만들어주려고 짧은 시간이라도 일할 수 있는 직장을 만드는 데 주력했다. 이러한 직장을 그냥 아르바이트라고 불렀다. 경제적 안정기에 접어들면서 아르바이트는 '시간제 직업이나 부업'을 이르는 말로 고착화했다. 미국에서는 아르바이트라는 말 대신 파트타임 잡part-time job이나 잡mac job이라고 부른다.

아마겟돈amageddon은 요한 묵시록 16장 16절에 나오는 선과 악이 벌이는 최후의 전쟁을 말한다. 여기서 선은 하나님을 악은 사탄을 의미한다. 아마겟돈은 히브리어로 '하르 메기도harar megiddo' 즉 '메기도의 산 또는 메기도의 언덕'이라는 뜻이다. 여기서 말하는 메기도는 팔레스타인 중부에 있는 이스라엘의 고대 도시 이름이다. 요한 묵시록은 이 도시에서 장차 하느님의 군대와 사탄의 군대가 최후의 전쟁을 벌일 것이라고 예언하고 있다. 메기도는 기원전 2000년경에 세워진 유대인의 도시로 예루살렘과 함께 고고학적으로 중요한 도시 가운데 하나로 꼽힌다. '하르 메기도'가 그리스어로 번역되면서 '하르마게돈harmagedon'으로 바뀌었고 다시 라틴어 '아마게돈armagedon'으로 변했다가 영어로 넘어오면서 아마겟돈armageddon이 되었다. 이후 아마겟돈은 지구 종말을 의미하는 말로 받아들여져 영화를 비롯한 각종 미디어에서 즐겨 가져다 쓰는 소재가 되었다.

194 아마존
amazon

아마존amazon은 고대 그리스어 'a' 와 'mazos'가 합쳐진 말이다. 'a'는 '없다'는 뜻이고 'mazos'는 가슴을 뜻한다. 다시 말해 아마존은 가슴 이 없는 사람을 의미한다. 아마존이라 불린 여전사들은 활을 주무기로 썼는데 활을 더 잘 쏘기 위해 가슴을 잘랐다고 한 다. 여기서 유래한 말이 아마존이다. 아마존은 그리스 신화에 나오는 전설의 여성 부족이다. 아마존 부족은 종족 보존을 위 해 이웃 부족의 남자들을 납치해 관계 후 죽이거나 다른 부족 으로 돌려보냈다. 또한 남자아이가 태어나면 죽이거나 이웃 나라로 보내고 여자아이만 거두었다고 한다. 위대한 역사가 헤로도토스의 말을 빌리면 아마존은 지금의 우크라이나 지역 에 살던 부족이었다. 페루의 안데스산맥에서 시작하여 브라 질 북부를 지나 대서양으로 흐르는 강인 아마존 강의 이름도, 남미 대부분의 국가에 펼쳐져 있는 열대우림 지역인 아마존 우림도 고대 그리스 신화의 여전사 아마존에서 온 것이다.

아마추어
amateur

아마추어Amateur는 라틴어 아마토amator에서 유래했다. '좋아하는 사람'이라는 뜻이다. 흔히 프로페셔널professional의 반대 개념으로 쓰인다. 영국 상류계급의 자녀들은 리더십을 키우기 위해 사립학교에 다녔고, 이때 스포츠를 중요한 과목으로 배웠다. 또 졸업 후에도 그들만의 클럽을 만들어 계속 스포츠를 즐겼다. 상류계급 선수들은 노동자계급 선수들과 차별화된 무언가를 원했고, 여기서 '순수하게 좋아하는 사람'을 뜻하는 아마추어가 생겨났다. 노동을 하지 않고도 경제적 부를 누릴 수 있었던 상류계급 사람들은 순수한 여가시간을 활용하는 측면에서 스포츠 활동을 했고 이를 강조하는 개념으로 아마추어리즘amateurism을 도입했다. 시대가 바뀌고 노동자들의 지위가 향상되면서 아마추어리즘의 계급적 우월성은 사라지고 순수함의 의미만 강조된 용어로 자리 잡았다.

아멘Amen은 동사로는 '확실하다', 명사로는 '진리', 부사로는 '참으로'를 뜻하고, 염원의 말로 '확실히 그렇게 되소서'를 뜻하는 히브리어이다. 하지만 셈족의 언어에서 유래했다는 가설도 존재한다. 아멘은 유대인들이 제례의식에서 사용하던 말이었다. 이를 개신교에서 가져와 예배를 드릴 때 쓰기 시작했으며 기도나 찬송, 사도신경 암송 다음에 아멘을 붙이는 것이 보통이었다. 또 설교나 기도, 축도 시 화답할 때는 '동감한다'는 뜻으로도 쓰인다. 이슬람교에서는 예배를 드릴 때 코란을 낭송하고 나서 일제히 아민amin이라고 하는데 이것도 아멘과 같은 뜻이다. 그리스어권에서도 이슬람과 마찬가지로 '아민'이라고 발음한다. 미국에서는 '에이멘' 이라고 부른다.

아바타
avatar

아바타avatar는 산크리스트어로 '신이 지상에 강림하다'라는 뜻으로 힌두교에서 쓰는 종교용어였다. 1992년 닐 스티븐슨이 쓴 과학소설 〈스노우 크래시〉에서 메타버스라는 가상 세계의 형체를 뜻하는 말로 처음 등장하면서 과학 및 컴퓨터 용어로 탈바꿈하였다. 지금은 인터넷 용어로 '사용자가 스스로의 모습을 부여한 물체'라는 의미에 가깝다. TRPG 게임의 플레이어 캐릭터처럼 사용자가 직접 조작하는 캐릭터가 대표적이다. 아바타라는 용어가 널리 알려진 계기는 뭐니 뭐니 해도 2009년 개봉한 제임스 카메론 감독의 영화 '아바타'일 것이다. 지금까지 역대 전 세계 박스오피스 1위 자리를 굳건히 지키고 있다. 이 작품은 개봉되기 14년 전에 제임스 카메론 감독이 구상한 작품이다. 기술적 한계 때문에 14년을 미룬 아바타는 기술 발전에 힘입어 막대한 성공을 이뤄냈다.

아베크
avec

아베크Avec는 '연인'을 가리키는 말이지만, 원래 프랑스어 전
치사이다. 영어의 위드with에 해당한다. 예를 들어 프랑스어
로 아베크 플레이저avec plaisir는 '기쁨을 가지고'라는 뜻이고,
아베크 폴avec Paul은 '폴과 함께'라는 뜻이다. 1990년대 우리나
라에서는 '아베크족'이라는 말이 크게 유행했다. 그 유래는 일
본이다. 일본은 '~와 함께, ~와 같이'라는 뜻을 가진 아베크를
미혼 커플을 지칭하는 말로 썼고 여기서 '함께 있는 연인'이라
는 아베크족이 탄생했다. 이 말이 우리나라로 건너오게 된 것
이다. 우리나라에서는 보통 '족族'을 떼고 그냥 함께 있는 연인
을 아베크라고 한다. 하지만 아베크족은 단순한 연인을 넘어
부정적인 의미로 쓰이는 경우가 많았고 그러면서 점차 사라
지기 시작했다. 지금은 거의 쓰지 않는 사어死語이다.

아스피린
aspirin

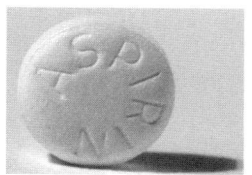

아스피린aspirin은 진통제의 일종으로 독일의 제약회사 바이엘에서 개발한 약품 이름이다. 이름은 아세트산acetic acid의 'a'와 버드나무를 뜻하는 'spiraea', 그리고 의약품 접미사 '~ine'를 결합해 만들었다. 그런데 사실 'spiraea'은 메도우스위트라는 식물의 라틴어 학명이다. 버드나무의 라틴어 이름은 '살릭스salix'이고 여기서 추출한 추출물을 살리실산이라고 불렀는데 메도우스위트도 살리실산이 풍부한 식물이었다. 바이엘사의 연구진은 버드나무가 아니라 메도우스위트에서 살리실산을 추출했고 이름을 '아스피린aspirin'이라고 지었다. 20세기의 잇따른 전쟁으로 진통제의 수요가 늘어나자 유럽에서는 버드나무 추출물을 화학 정제하는 연구가 활발하게 진행되었다. 연구 끝에 화학자들은 정제 성분을 얻었고 이름을 살리실산이라고 지었다. 바이엘사는 1899년 살리실산을 약으로 만들어 큰돈을 벌었으며 지금도 아스피린은 우리나라를 비롯해 많은 나라에서 진통제로 쓰이고 있다.

아이러니
irony

아이러니irony는 '위장僞裝'을 뜻하는 그리스어 에이로네이아 eironeia에서 유래했다. 원래 뜻은 '모순, 역설, 부조화'이다. 보통 위장이라고 하면 무언가를 은폐하여 드러나지 않게 하는 실체적인 측면을 가지지만, 아이러니는 조금 더 추상적이고 개념적인 뜻을 포함한다. 한마디로 표현하면 '반어법' 정도로 해석할 수 있다. 아이러니가 처음 등장하는 곳은 아리스토파네스의 희극 〈에이론eiron〉이다. 플라톤의 〈대화〉에 나오는 소크라테스의 반어법 역시 이 작품에서 기원했다. 소크라테스는 상대의 무지함을 드러내기 위해 일부러 어리석은 질문을 던지고는 했다. 이러한 소크라테스의 태도를 '소크라테스적 아이러니'라고 부른다. 현대 문학에서는 안톤 체호프의 〈개를 데리고 다니는 여인〉에서 잘 나타나 있다.

아이스크림
ice cream

아이스크림ice cream은 'iced'와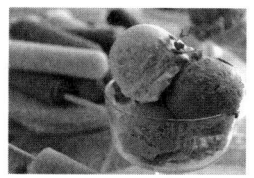
'cream'의 합성어이다. 'ice'는 고대
영어로 '얼음'을 뜻하며 'cream'은
고대 프랑스어로 '성스러운 기름'
을 뜻한다. 고대 페르시아에서 눈에 향신료와 과일을 곁들여
먹었다는 설과 로마시대의 일인자 율리우스 카이사르가 눈에
우유와 꿀을 섞어 먹었다는 설이 있다. 하지만 현대적 아이스
크림은 16세기 아이스크림 제조 기술이 등장하면서 시작되
었다. 1718년 영국에서 발간한 〈메리 에일스 아주머니의 요
리책〉에서 '아이스크림'이라는 용어가 처음 등장하였고, 이후
1744년 옥스퍼드 영어 사전에 등재되었다. 초기 아이스크림
은 부유층이나 귀족의 전유물이었다. 1851년 볼티모어에 살
던 제이콥 푸셀이 남은 아이스크림을 얼려 보관한 다음 싼 가
격에 판매하면서 대중화의 길을 열었다. 맛은 좋지만 지나치
게 높은 당분 때문에 건강에 좋지 않다. 특히 고혈압 환자나
당뇨병 환자는 멀리해야 하는 식품이다.

아카데미
Academy

아카데미Academy는 플라톤이 세운 교육기관 아카데메이아 akademeia에서 유래했다. 플라톤은 기원전 385년 나라에 도움이 되는 인재를 육성할 목적으로 아카데미아를 설립했다. 아리스토텔레스를 비롯한 많은 철학자들이 아카데미아를 거쳐 갔다. 플라톤이 죽고 나서도 아카데미아는 제자들에 의해 지속되었다. 이들이 바로 '아카데미아 학파'이다. 주요 과목은 산술, 기하학, 천문학 등이었으며, 가장 핵심은 이상적인 통치자가 되기 위해 알아야 할 과목인 철학이었다. 아리스토텔레스는 아카데미아를 본 떠 '리케이온'을 세웠다. 이곳에서는 '소요학파'가 탄생했다. AD 529년 동로마 제국의 유스티니아누스 1세가 아카데메이아를 폐쇄시켰고 이후 모든 학문은 중세의 암흑기로 접어들었다. 오늘날 아카데미는 학문과 예술의 중심이 되는 단체나 기관을 일컫는 말로 쓰인다. 유럽에서 대학university이라는 말이 일반화되기까지 고등 교육기관의 명칭으로 아카데미가 사용되었다.

아킬레스Achilles는 그리스신화에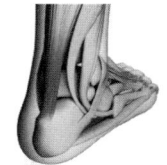
나오는 영웅 아킬레우스Achilleus의
라틴어 발음이다. 호메로스의 서
사시 〈일리아스〉에 등장하는 주인
공 가운데 한 사람이다. 오늘날에는 '아킬레스건'으로 더욱 잘
알려져 있다. 아킬레스건은 발뒤꿈치 부분의 힘줄을 가리키
는 단어로 여기를 다치면 걸을 수 없다. 즉 치명적인 약점을
의미하는 말이다. 발목의 힘줄을 아킬레스건이라고 부른 까
닭은 그리스 신화에 나오는 이야기 때문이다. 아킬레스의 어
머니 테티스는 아킬레스를 불사신으로 만들려고 영험한 강
스틱스에 담갔는데 이때 발목 부위를 잡고 담그는 바람에 발
목 부위는 강의 영험한 능력이 미치지 못했다. 결국 아킬레스
는 트로이 전쟁 때 이 부분에 독화살을 맞고 죽게 된다. 아킬
레스건은 바로 여기서 유래한 말이다.

아톰
atom

아톰_{atom}은 고대 그리스어로 '더는 나눌 수 없는'이라는 뜻이다. 이 단어는 우리에게 꽤 친숙한데 그 이유는 1970년대부터 1990년대까지 잊을 만하면 TV에서 방영한 일본 애니메이션 〈우주소년 아톰〉 때문이다. 아톰은 일본 만화의 신 '데즈카 오사무'의 대표적인 작품이다. 조그맣고 귀여운 로봇 아톰이 펼치는 흥미진진한 이야기로 가득한 이 작품은 일본뿐 아니라 우리나라를 비롯한 여러 나라에서 큰 인기를 끌었다. 한편 '아톰'은 '더는 나눌 수 없는'이라는 뜻의 그리스어에서 알 수 있듯이 그리스 철학에서 사물을 구성하는 가장 궁극적인 단위를 이르는 말이기도 하다. 고대 그리스 철학자들은 우주가 무엇으로 이루어졌는지 밝히는 데 힘을 쏟았다. 그 가운데 데모크리토스는 사물은 변하는 부분과 변하지 않는 부분으로 나뉘는 데 그 가운데 변하지 않는 부분을 '원자_{atom}'라고 부르며 '원자론'을 최초로 설파했다.

안드로이드
android

안드로이드android는 그리스어 'andro사람'와 'eidos형태'가 합쳐
진 말이다. 인간의 형태, 즉 '인간을 닮은'이라는 뜻이다. 안
드로이드는 공상과학 소설에 등장하는 인조인간을 통칭하여
부르는 용어이다. 이 단어를 최초로 쓴 사람은 19세기 프랑
스 작가 오귀스트 드 빌리에 드 릴라당이다. 그는 소설 〈미래
의 이브〉에서 이 용어를 처음으로 사용했다. 여러 나라에서
사람과 닮은 로봇 개발에 열을 올리고 있다. 그 가운데 가장
활발한 나라는 일본이다. 일본은 1960년대에 이미 '아톰'이라
는 인간형 로봇 만화를 세상에 내놓을 정도로 로봇에 많은 관
심을 기울여 왔다. 오사카 대학은 2005년 아이치현에서 열린
세계 박람회에서 'DER 01'이라 명명한 안드로이드를 선보였
고 2006년에는 'DER 02'를 선보였다. 우리나라 역시 비슷한
시기에 카이스트에서 여성형 안드로이드 로봇인 '에버'시리
즈를 내놓았다. '에버원'은 4가지 표정을 지을 수 있었다.

알레르기
allergy

알레르기Allergy는 그리스어 'allos변하다'와 'ergo작요'의 합성어 알레르고allergo에서 유래한 말이다. 거부반응, 과민반응이라는 의미를 가진 단어이다. 영어로는 '앨러지 또는 알러지'라고 발음한다. 알레르기는 면역 시스템의 오작동으로 보통 사람에게는 아무렇지도 않은 물질이 특정 사람에게 두드러기나 기침, 가려움, 콧물을 유발시키는 것을 말한다. 알레르기가 처음 알려지게 된 계기는 오스트리아 출신의 의사 클레멘스 폰 피르케에 의해서다. 그는 일반적으로 크게 문제 될 것이 없는 물질에 과도하게 반응하는 아이들을 진찰하게 되었고 이를 학술지에 소개했다. 알레르기를 일으키는 물질은 매우 많은데 주로 식품류이다. 우유, 생선, 복숭아 자두를 비롯한 과일, 견과류, 육류, 커피, 채소 등 거의 모든 식품에서 알레르기가 유발될 수 있다.

알루미늄aluminium의 어원은 라틴어
'alumen백반'이다. 여기에 원소를
뜻하는 라틴어 어미 '-ium'이 붙어
'aluminium'이 되었다. 알루미늄은
은백색의 가벼운 금속으로 원소기호로는 Al이고 원자번호는
13번이다. 알루미늄은 지구에서 산소와 규소 다음으로 많은
원소이며 가장 널리 사용되는 비철금속이다. 전기 전도성이
우수하여 고전압용 전선을 만드는데 쓰인다. 이 밖에도 항공
기, 냉장고와 조리기구를 비롯한 내구성 소비재, 그리고 화학
공정 장치와 식품가공장치와 같은 곳에 두루 쓰인다. 가볍고
녹이 잘 슬지 않아 음료수 캔을 만드는 주원료로도 사용된다.
가정이나 식당에서 많이 쓰는 알루미늄 호일의 주원료이기도
하다. 알루미늄 호일은 두드리거나 압착하면 얇게 펴지는 알
루미늄의 성질을 이용한 제품이다. 한때 알루미늄은 금보다
비싼 금속이었다.

208 알리바이
alibi

알리바이Alibi는 라틴어 '다른'을 뜻하는 알리우스alius와 '그곳에'를 뜻하는 이바이ibi의 합성어이다. 직역하면 '다른 장소에 있었다'가 된다. 이를 법률용어로 쓰면서 '현장부재증명', 즉 사건 당시 범죄 현장에 있지 않고 다른 장소에 있었음을 증명하는 일을 가리키게 되었다. 현실 범죄에서 알리바이를 정확하게 소명하지 못한다고 해서 유죄가 성립되는 것은 아니다. 사람은 망각의 동물이기 때문에 오래된 사건의 경우 그날 어디서 무엇을 했는지 정확하게 기억하지 못할 수도 있고, 다른 장소에 있었다고 입증해 줄 제 3자가 없을 수도 있기 때문이다. 하지만 알리바이를 증명하는 것은 무죄의 중요한 수단이기도 하므로 피의자는 이를 증명하려고 노력하는 것이 일반적이다.

알코올Alcohol의 어원은 아랍어 '알쿠홀Al-Kuhul'이다. 여기서 가루로 된 물질의 라틴어 알코홀alkohol이 파생되었고 16세기에 영어로 넘어왔다. 아랍의 귀부인들은 미세한 안티몬 가루로 아이섀도를 만들어 눈썹에 까맣게 발랐는데, 이 가루를 쿨kuhl이라고 했다. 여기에 영어 더the에 해당하는 아랍어 알al을 붙인 말이 알-쿨al-kuhl이다. 처음에는 가루 물질을 가리키는 말이었지만 지금은 증류된 액체를 뜻하는 말로 변하였다. 알코올을 처음 발견한 사람은 아바스 왕조 시대의 과학자 알 라지이다. 오늘날 알코올은 용매나 연료로 쓰인다. 물질을 녹이는 능력이 탁월하여 약품이나 향수 등을 만들 때 주로 사용된다. 알코올의 한 종류로 에탄올이 있는데 이 에탄올이 바로 술의 주성분이다.

알파벳
alphabet

```
Aa Bb Cc Dd Ee Ff
Gg Hh Ii Jj Kk Ll
Mm Nn Oo Pp Qq
Rr Ss Tt Uu Vv
Ww Xx Yy Zz
```

알파벳Alphabet은 그리스 문자의 첫 번째인 알파와 두 번째인 베타를 합친 말 '알파베타'의 준말이다. 알파벳의 기원은 정확하지 않다. 기원전 1700년 경 지중해 지역에서 탄생한 북셈 문자를 최초의 알파벳으로 본다. 오늘날 페니키아 문자의 영향을 받은 그리스 문자를 알파벳의 기원으로 삼는데 여기서 페니키아 문자의 기원이 바로 북셈 문자이다. 알파벳이 세계적으로 널리 퍼진 계기는 라틴 문자 덕분이다. 라틴 문자는 이탈리아반도의 로마를 포함한 라틴 지역 사람들이 쓰던 문자로 로마가 서양의 중심으로 떠오르면서 유럽 전역으로 퍼져나갔다. 지금 서양의 거의 모든 나라의 모태가 된 문자가 바로 라틴문자이다. 라틴문자는 같은 이탈리아반도의 국가였으며 로마에 지대한 영향을 끼쳤던 에트루리아 문자가 발전한 것이다. 영어도 라틴문자의 영향을 받은 문자이다. 세계 문화의 중심이 영국과 미국을 비롯한 영어권 나라로 옮겨 가면서 오늘날 알파벳은 영어와 동의어로 인식된다.

앙케트Enquete는 프랑스어 접두사 '앙en'에 '질문하다'란 뜻의 '쿼터quêter'가 합쳐진 말로 '조사하다', '설문하다'라는 뜻이다. 앙케트는 처음에는 영국에서 주로 정부와 공공기관의 통계 조사 방법으로 행해지면서 보편화되었다. 오늘날에는 각종 저널리즘에서 주로 사용한다. 각 분야의 사람들에게 같은 질 문을 한 다음 결과물을 통합하여 대중의 생각에 대한 정보를 제공한다. 우리나라에서는 흔히 '앙케이트'라고도 하는데, 외 래어 표기법상 '앙케트'가 맞는 표현이다. 우리말로는 '설문조 사'라고 한다. 앙케트는 직접 관찰하여 결과를 알아내는 직접 조사가 아니라 간접 조사이다. 앙케트는 조사표(질문사항)를 만드는 것이 무엇보다 중요하므로 사전 지식을 충분히 갖추 고 난 후에 진행하는 것이 바람직하다.

앙코르
encore

앙코르Encore는 프랑스어로 '또', '다시', '더욱' 등의 뜻을 지닌 부사이다. 앙코르는 연주회에서 프로그램이 모두 끝나고 난 후 한 번 더 연주해 주기를 바랄 때 외치는 말로 17세기 이탈리아 오페라에서 처음 시작되었다. 하지만 정작 프랑스에서는 앙코르라는 말을 쓰지 않는다. 대신에 '비스bis!'라는 말을 사용한다. 앙코르는 오히려 이 말을 받아들인 영어권 나라에서 주로 사용한다. 우리 역시 영어권 나라의 영향을 받아 앙코르라는 말을 주로 쓴다. 요즘에는 앙코르 문화가 널리 퍼져 있어 오페라나 클래식과 같은 음악회 말고도 여러 곳에서 쓰인다. 대중 가수의 콘서트나 공개 공연, 연극과 같은 자리에서 관객들이 '앙코르'를 외치는 장면을 흔하게 볼 수 있다. 각 방송국에서는 '앙코르 드라마'라는 이름으로 오래전 방영했던 드라마를 다시 틀어주기도 한다.

애니메이션 Animation은 생명'을 뜻
하는 라틴어 '애니마 anima'와 '부여
하는 행위'라는 뜻의 '메이션 ʳmation'
이 합쳐진 말이다. 다시 말해 '생명
을 불어 넣는 것'을 의미한다. 이런 의미에서 본다면 애니메
이션은 무언가를 움직이게 하는 행위라고 볼 수 있다. 대표적
으로 영상물을 들 수 있다. 지금은 주로 만화영화만을 애니
메이션이라고 부르지만 사실 애니메이션은 연속 촬영 기법
을 써서 제작한 영상물 모두를 포괄하는 개념이다. 하지만 의
미의 축소로 오늘날 애니메이션은 대부분 만화영화를 가리킨
다. 애니메이션 산업이 가장 발달한 나라는 미국과 일본이다.
미국은 극장용 애니메이션을 주로 제작하며 일본은 TV 애니
메이션 위주로 제작한다. 최초의 유성 애니메이션은 미키 마
우스가 등장하는 월트 디즈니의 '증기선 윌리'이다.

액세서리
accessory

액세서리Accessory는 'a'와 'cess', 그리고 'ory'가 합쳐진 다소 복잡한 단어로 해석하면 '함께 가는 것'이라는 뜻이다. 액세서리는 주인공과 함께 가며 주인공을 받쳐주는 보조 역할을 의미한다. 부속품, 보조물 정도로 이해할 수 있다. 대표적인 액세서리로는 모자, 백, 장갑, 구두, 귀걸이, 목걸이, 반지 등을 들 수 있다. 이들은 하나같이 주인공인 사람을 더 빛나게 하는 도구들이다. 무생물을 보조하는 것 역시 액세서리라고 부른다. 카메라의 경우 삼각대나 플래시, 필터 등이 액세서리일 테고, 자동차의 경우에는 먼지떨이, 스페어타이어, 삼각대를 비롯한 정비 도구, 방향제, 열쇠고리, 핸들 가죽 등이 이에 해당할 것이다. 아주 오래된 액세서리 가운데 하나로 조선시대부터 쓰던 '비녀'가 있다. 여성의 쪽 찐 머리가 풀어지지 않도록 단단히 잡아주는 역할을 했다.

앨범album의 어원은 흰색을 뜻하는 라틴어 'albus'다. 앨범 album은 흰색의 'alb'와 사물을 뜻하는 'um것'이 결합한 말로 '흰색의 물건'을 의미한다. 고대 사람들은 글을 쓰는 흰색 석판을 'albus'라고 불렀다. 현대로 넘어오면서 이 하얀 석판에 수집이나 보존의 뜻이 더해졌고 최종적으로 현대인은 무언가를 모으고 보관하는 것을 앨범이라고 부르게 되었다. 앨범 하면 가장 먼저 떠오르는 이미지는 사진을 모아놓은 두꺼운 책이다. 가족앨범과 졸업앨범 등이 대표적이다. 하지만 스마트기기의 발달로 저장 방식이 다양화하면서 앨범의 역할은 많이 줄어들었다. 멋진 노래가 담긴 음반도 앨범이라고 부른다. 일반적으로 앨범은 10개 이상의 곡이 실린 음반을 말한다. 최초의 앨범은 1909년 호두까기 인형 모음집이다. 이 모음집의 형태가 사진첩과 비슷했고 여기에 저장의 의미까지 더해져 사람들은 이때부터 음반을 앨범이라고 부르기 시작했다.

에너지
energy

에너지Energy 그리스어 'en안'과 'ergon일'의 합성어 에네르곤 energon'에서 유래했다. '안에서 하는 일'을 뜻하는 말이다. 이 에네르곤에서 철학 용어인 '에네르게이아energeia'가 파생되었다. 이것이 다시 독일어 '에네르기에Energie'를 거쳐 영어인 '에너지energy'가 되었다. 에네르곤을 철학 용어로 처음 쓴 사람은 그리스의 위대한 철학자 아리스토텔레스이다. 그는 '작용', '능력'이라는 뜻의 '에네르게이아'란 말을 썼다. 이 말이 나중에 물리학 용어로 사용되면서 '내재적인 힘'이라는 뜻이 되었다. 물리학에서 힘의 단위로 사용하는 에르그erg도 그리스어 에네르곤energon에서 나온 말이다. 오늘날 에너지는 일을 할 수 있는 능력을 의미하며 '에너지 바'와 같은 다양한 에너지 관련 식품이 판매되고 있다.

에디터_{editor}는 라틴어 'ex_{밖으로}'와 'dare_{주다}'의 합성어 'edere' 가 기원이다. 1455년 구텐베르크의 활판인쇄술 발명 이후 '책 을 발행하는 사람'으로 뜻이 바뀌었다. 요즘은 '발행인'보다 '편집자'라는 의미로 더 많이 쓰인다. 출판 편집자가 하는 일 은 다음과 같다. 작품 기획, 작가 관리, 콘텐츠 관리, 교정/교 열/윤문, 책 디자인, 책 제작, 마케팅. 다만, 출판사에 따라 전 체를 다 맡아서 하는 경우도 있고, 이 가운데 일부만 맡아서 하는 경우도 있다. 만화 출판산업이 크게 발달한 일본은 만화 잡지 편집자들이 유명세를 떨치고 있다. 대표적인 편집자는 '드래곤볼'의 작가 토리야마 아키라를 담당했던 토리시마 카 즈히코이다. 드래곤볼은 토리야마 아키라의 작품이지만 토 리시마 카즈히코가 없었다면 지금의 드래곤볼도 없었을 것이 라고 말하는 사람들이 많다. 그만큼 토리시마 카즈히코는 작 품에 깊숙이 관여했다. 서유기풍에서 SF 형식으로의 전환은 토리시마 카즈히코의 제안이었다.

에세이
essay

에세이essay는 라틴어 'es밖으로'와 'say말하다'가 합쳐진 단어로 '밖으로 말하다'라는 뜻이다. 오늘날 에세이는 문학의 한 종류를 의미한다. 우리말로는 '수필'이라고 부른다. 서양에서 에세이 형식을 처음 도입한 사람은 16세기 사상가 미셸 드 몽테뉴이다. 에세이를 다른 말로 '수상록'이라고도 부르는데 수상록은 몽테뉴가 쓴 글의 제목이다. 이때 몽테뉴는 자기가 쓴 글을 '에세essai'라고 표현했는데 프랑스어로 '시도, 시험'이라는 뜻이다. 라틴어 'essay'에서 온 말이다. 에세이는 영국에서 꽃을 피웠다. 영국에서 처음 에세이를 쓴 사람은 프랜시스 베이컨이다. 그는 몽테뉴와 달리 무거운 주제를 다뤘다. 베이컨 외에도 새뮤얼 존슨, 올리버 골드스미스, 찰스 램 등이 수필의 대중화에 큰 영향을 끼쳤다. 우리나라에서 가장 오래된 수필집은 혜초가 쓴 기행문 〈왕오천축국전〉이다.

에스컬레이터
escalator

에스컬레이터Escalator는 승강기를
뜻하는 '엘리베이터elevator'에 라틴
어로 계단을 뜻하는 '스칼라Scala'를
합성하여 만든 신조어이다. 우리
말로는 '자동계단'이라고 부른다. 침대 공장의 기술자였던 엘
리샤 오티스는 1852년 침대를 위층으로 옮기는 기계를 발명
했다. 이것이 엘리베이터의 시초이다. 이렇게 해서 대중화한
엘리베이터의 응용 작품이 바로 에스컬레이터로 1892년 제
니 노라와 조지 휠러가 처음 특허를 냈다. 이후 찰스 시버거
라는 사람이 오티스 엘리베이터 회사와 제휴하여 특허권을
사들였고, 1900년 필라델피아의 가게에 최초의 에스컬레이
터를 설치했다. 그 후 시버거의 소속사인 오티스사社는 '에스
컬레이터'라는 이름을 미국 특허국에 등록한 뒤, 파리 만국박
람회에 세계 최초로 에스컬레이터를 출품했다. 초기의 에스
컬레이터는 수동으로만 멈출 수 있어 크고 작은 사고를 일으
키기도 했다. 요즘은 센서가 부착되어 승객이 다가오면 움직
이고 멀어지면 멈추도록 되어 있다.

에이스
ace

에이스ace의 어원은 라틴어 'as'이다. 주사위에서 'one하나'을 의미한다. 'one pip점'은 주사위 점 가운데 가장 낮은 한 개의 점으로 중세 사람들은 주사위를 굴려 한 점이 나오면 '불운'하다고 여겼다. 그러다가 18세기에 카드놀이가 유행하면서 ace는 아주 중요한 패로 변했고, 이때부터 ace는 '최고, 으뜸'이란 뜻으로 쓰이기 시작했다. 1차 세계대전에서는 적 전투기를 5대 이상 격추시키면 'ace'라는 칭호를 주었다. 유명한 에이스 비행사로는 독일 출신의 만프레트 폰 리히트호펜이 있다. 그는 자신의 비행기를 빨간색으로 칠해 다녔기 때문에 '붉은 남작'이라고 불렸다. 총 격추 대수는 80대로 1차 세계대전 에이스 가운데 단연 1등이었다. 야구에서도 팀에서 가장 잘 던지는 투수를 에이스라고 부르는데, 여기서 말하는 에이스는 'ace'에서 온 말이 아니라 미국 프로야구의 전설적인 투수 에이사 브레이나드Asa Brainard의 애칭 'Asa'에어 온 말이다.

에티켓Etique tte은 고대 프랑스어 에스티쿠이에르estiquier에서 유래했다. 지금 우리가 생각하는 이미지와 달리 이 단어는 '나무 말뚝에 붙인 표지'라는 뜻이다. 에티켓은 프랑스 궁정을 드나들 수 있는 까다로운 조건을 의미했다. 이런 조건이 붙은 이유는 베르사유 궁전 화단의 꽃을 엉망진창으로 만든 사람들 때문이었다. 이에 정원 관리인이 화단 주변에 말뚝을 박고 출입을 제한하는 표찰을 붙였는데 이 표찰이 에스티쿠이에르이다. 이러한 사건이 벌어진 이후로 프랑스 궁정 측은 입장이 허용된 사람들의 목록을 정리했는데 이것이 훗날 품위에 걸맞은 행동을 뜻하는 말로 발전하였다. 처음에는 궁중에서의 예절만을 에티켓이라 했는데, 오늘날에는 일반인에게도 보편적으로 적용되는 예의범절 덕목을 에티켓이라 한다.

에피소드
episode

에피소드Episode란 말의 어원은 그리스어 '에페이소도스 epeisodos'이다 '추가해 넣는 것'이라는 뜻이다. 아리스토텔레스의 〈시학詩學〉에 보면 고대 그리스에서 합창단의 노래와 노래 사이에 대사를 집어넣는 규정이 있었는데, 이를 에페이소도스라 했다. 그러다가 문학과 영화에서 줄거리와 상관없는 부분이나 내용을 더해주기 위해 삽입된 부분을 가리키는 말로 쓰이기 시작했다. 요즘은 각 장이나 각 화를 에피소드라고 통칭하게 되었고 때에 따라서는 이야기 그 자체를 에피소드라고 할 때도 있다. 남에게 잘 알려지지 않은 이야기나 일화逸話를 일컫는 말로 쓰이기도 한다. 수업이나 강의 시간이 지루해지면 교사나 강사가 가끔 이러한 지루함을 달래기 위해 개인적인 에피소드를 풀기도 한다.

엑스트라extra는 라틴어로 '외부의, 제외된'이라는 뜻이다. 이 단어가 영어로 넘어오면서 '여분, 추가'라는 뜻으로 변했다.  보통 영화나 드라마에 잠깐 등장하는 사람을 '엑스트라'라고 부른다. 우리말로는 '보조출연자' 또는 '단역배우'라고 한다. 간혹 대본이 있는 경우도 있지만 대부분은 대본이 없다. 엑스트라가 가장 많이 동원되는 장르는 사극이다. 군사, 백성, 행인, 장사꾼이 많이 등장하는 사극의 특성상 엑스트라가 많이 필요하다. 때로는 유명인이 엑스트라로 등장하기도 하는데 이 경우 대본이 주어진다. 하지만 이들은 엑스트라라고 부르기보다는 작품을 돋보이게 한다는 의미로 '카메오cameo'라고 부른다. 카메오는 보석 장신구를 의미한다. 성룡은 무명시절 이소룡의 '용쟁호투'에 엑스트라로 출연했다. 이소룡에게 얻어맞고 쓰러지는 악당 역할이었다. 하지만 순식간에 지나가기 때문에 알아보기는 힘들다.

엘리트
elite

엘리트Elite는 라틴어 엘렉투스electus에서 유래한 프랑스어이다. '선택된'이라는 뜻이다. 엘리트란 말은 '고급 상품'을 일컫는 말이었으나 시간이 지나면서 우월적 사회집단을 가리키는 귀족주의의 한 개념으로 쓰이기 시작했다. 사회적 개념으로 나라의 운명을 좌우할 만한 소수의 뛰어난 자질을 가진 사람들이란 뜻이 함축되어 있다. 오늘날에는 좀 더 보편화되어 '지성과 품위를 갖춘 사람' 또는 '사회적으로 뛰어난 능력이 있다고 인정받는 사람'을 통칭하는 용어가 되었다. 엘리트는 좋은 의미만 있는 것은 아니다. 영국의 역사학자 아놀드 토인비Arnold Joseph Toynbee는 '발전은 도전과 응전으로 이루어진다'라고 말하면서 대중이 따라 해야 할 엘리트 집단의 필요성을 강조했다. 하지만 아돌프 히틀러로 대표되는 삐뚤어진 집단 엘리트 의식이 얼마나 끔찍한 일을 저지를 수 있는지 우리는 잘 알고 있으므로 지나친 엘리트주의는 경계해야 할 대상이기도 하다.

오가닉
organic

오가닉organic은 고대 그리스어 'organ'에서 온 말로 '무언가를 하기 위한 도구'란 뜻이다. 여기에 '신체기관'이라는 의미가 더해졌다. 현대로 넘어오면서 생물학적인 유기체라는 뜻과 함께 '유기농법organic farming'과 '유기농 식품organic food'이라는 단어가 생겨났다. 유기농법은 화학 비료나 농약을 쓰지 않고 미생물이나 자연광석과 같은 자연 재료를 쓰는 생물학적 농법을 말한다. 대표적인 유기농법으로 쿠바의 지렁이 농법이 있다. 지렁이는 땅속 깊숙한 곳까지 이동하며 공기를 순환시키고 빗물을 운반한다. 더불어 유익한 미생물의 번식을 돕고 식물 성장에 중요한 질소나 칼슘을 제공한다. 하지만 유기농이 인간의 몸에 이롭다는 과학적 증거가 없고, 오히려 더 해로울 수 있다고 말하는 학자들도 있다. 이들은 유기농을 안전한 식품과 동일한 의미로 받아들여서는 안 된다고 주장한다.

오로라
aurora

오로라 aurora 는 라틴어로 '아침의 빛 aur'이란 뜻이다. 로마 신화에 등장하는 새벽의 여신의 이름이기도 하다. 오로라는 태양에서 흘러나온 플라스마 입자가 지구 대기권 상층부의 자기장과 부딪히면서 나오는 환상적인 빛을 말한다. 극지방과 가까울수록 관측하기 쉬워서 '극광'이라고도 한다. 지구뿐 아니라 화성과 목성 그리고 토성에도 오로라 현상이 일어난다. 오로라의 색은 무척 다양한데 가장 흔한 색은 초록색이다. 산소와 강한 태양풍이 반응할 때 생성된다. 산소의 밀도가 낮으면 붉은색에 가깝게 나타나고 태양풍 입자가 질소 분자와 이온화하면 보라색이나 푸른색의 오로라가 나타난다. 오로라는 일 년 내내 나타나며 날씨가 맑은 날 밤에 볼 수 있다. 알래스카나 그린란드, 아이슬란드, 노르웨이, 스웨덴, 핀란드 등 북반구 지역에 있는 나라에서 오로라를 쉽게 관측할 수 있다.

오리엔트
orient

오리엔트orient는 라틴어 'oriens오리엔스'에서 온 말로 '떠오르는 곳'이라는 뜻이다. 태양이 동쪽에서 떠오르기 때문에 고대 로마 사람들은 동쪽의 나라를 태양이 떠오르는 대륙이라 해서 '오리엔트'라고 불렀다. 구체적으로는 이집트 문명과 메소포타미아 문명을 가리킨다. 하지만 점차 지리적 지식이 쌓이면서 지금은 우리나라와 중국 일본까지 합쳐 오리엔트라고 부른다. 오리엔트라는 말은 로마시대에 처음 사용하였다. 로마가 동로마와 서로마로 분열되면서 서로마 사람들은 자신들을 '태양이 지는 곳' 즉 'occident옥시덴트'라고 불렀는데 이와 반대되는 개념으로 태양이 떠오르는 곳을 의미하는 오리엔트라는 말을 쓰기 시작했다. 특히 이집트와 메소포타미아 그리고 그리스로마 기준으로 그리스도 동방이다는 문명의 발상지로 알려져 있었기 때문에 로마인들은 "빛은 오리엔트에서!"라고 말할 정도로 오리엔트를 신성시했다.

오케스트라
orchestra

오케스트라orchestra는 그리스어 'orches춤을 추는'와 'tra장소'가 합쳐 진 말이다. 다시 말해 춤추는 장소 라는 뜻으로 고대 그리스에서 연 극 무대와 관람석 사이의 공간을 말한다. 지금은 무대와 관람 석 사이에 음악을 연주하는 악단이 자리하는 데 이들이 바로 오케스트라 악단이다. 우리나라는 오케스트라를 관현악단이 라고 부른다. 관현악단이란 '관현악'음악을 연주하는 악단으 로 관현악은 관악기와 현악기로 연주하는 곡을 말한다. 관현 악단의 규모는 10명에서 100명 이상까지 다양하다. 보통은 60~100명 이내로 이루어진다. 가장 유명한 관현악단은 독일 의 베를린 필하모닉 관현악단이다. '필하모닉'이란 '음악을 사 랑하는 사람들의 모임'이라는 뜻이다. 처음 '필하모닉'은 동아 리 수준의 규모였다. 하지만 이들의 세력이 커지면서 관현악 단을 이루기 시작했고 이것이 발전하여 필하모닉 오케스트라 가 되었다. 우리나라의 대표적인 관현악단은 KBS 교향악단 이다.

오케이
OK

229

오케이OK는 'okay'의 약어이다. '그렇다, 좋다'라는 뜻이다. 인디언 말 오케Okeh에서 유래했다는 설이 있지만 신빙성은 떨어진다. ok가 처음 등장한 것은 1839년 '보스턴 모닝 포스트지'이다. 이때 'all correct'라는 단어가 'oll korrect'로 잘못 쓰였는데 이것이 그대로 받아들여져 약어인 'ok'가 되었다고 한다. 한편 더 거슬러 올라가면 1970년 테네시 주의 법정 기록에 ok가 등장한다. 앤드루 잭슨이라는 변호사가 한 말이다. 또한 1815년 윌리엄 리처드슨이라는 사람의 일기에도 ok가 나온다. 이처럼 ok의 정확한 유래는 불투명하다. 가장 신빙성 있는 주장은 문장을 엉뚱한 축약어로 만드는 익살스런 표현의 유행에서 비롯되었다는 설이다. 특히 이런 표현은 1838년 보스턴과 뉴욕의 신문기자들, 작가들, 익살꾼들 사이에서 널리 유행하였다. 이런 걸로 보아서 'all correct'의 약어가 ok의 시초였다는 가설이 가장 설득력이 있어 보인다.

오페라
opera

오페라opera는 라틴어 'opus'에서 왔는데 '작품'이라는 뜻으로 노래와 연기, 그리고 춤을 무대에서 펼친다는 의미가 담겨 있다. 우리나라에서는 '가극'이라고 부리기도 한다. 오페라는 언어와 시각, 그리고 음악이 합쳐진 종합예술이다. 가장 일반적인 형식은 레치타티보서사와 아리아독창, 그리고 중창으로 구성된다. 오페라의 기원은 16세기 피렌체의 바르디 백작 저택에서 만든 〈다프네〉이다. 다프네는 고전 그리스극을 되살리려는 르네상스 운동의 하나로 시작되었다. 아쉽게도 다프네는 유실되어 현재는 남아있지 않다. 1948년 1월 조선 오페라 협회에서 공연한 〈춘희〉가 우리나라 최초의 오페라이다. 우리나라 최초의 창작 오페라는 1950년 현제명의 〈춘향전〉이다. 가장 유명한 오페라 가운데 하나로 모차르트의 〈피가로의 결혼〉이 있다.

올림픽olympic은 전 세계인의 스포
츠 축제로 4년마다 열리는 국제스
포츠 대회를 말한다. 올림픽은 발
상지인 그리스의 엘리스에 있는
성소 올림피아에서 유래한 이름이다. 올림피아에서 발견된
비문에는 기원전 776년 올림피아에서 최초의 경기가 열렸다
는 것과, 4년마다 다시 시작한다는 내용이 담겨 있다고 한다.
이때 열렸던 종목은 달리기, 원반던지기, 창던지기, 레슬링,
멀리뛰기, 승마. 복식 등이었다. 엘리스의 제빵사였던 코로
이보스라는 사람이 최초의 우승자로 기록되어 있다. 근대 올
림픽을 창시한 사람은 프랑스 출신의 쿠베르탱 남작이다. 그
는 1894년 IOC국제올림픽 위원회를 설립하였으며 2대 위원장직
을 맡았다. 쿠베르탱은 스포츠를 통한 세계 청소년들의 화합
을 꿈꾸었다고 알려져 있다. 한편으로는 성차별주의자로 여
성이 올림픽에 나오는 것을 금지하기도 했다.

요가
Yoga

요가Yoga의 어원은 산크리스트어 'yuj유이'이다. '결합, 합일, 제어, 수단, 방편'이라는 다양한 뜻을 가진 단어이다. 요가 학파의 경전인 〈요가수트라〉는 요가를 '마음의 작용'이라고 정의하고 있다. 한편 인도의 고대 문헌 〈우파니샤드〉에 보면 인간의 마음을 말에, 인간의 육체를 마차에, 그리고 인간의 영혼을 그 마차에 타고 있는 사람으로 비유하여 '영혼인 사람이 말인 마음을 잘 통제하여 바른길로 갈 수 있게 하는 것'이 바로 요가라고 적고 있다. 학자들은 요가라는 수행법이 제대로 알려지기 시작한 때를 우파니샤드 시대로 보고 있다. 역사가 긴 만큼 요가의 종류도 다양하다. 대표적인 것으로 하타 요가, 카르마 요가, 라자 요가 박티 요가 등이 있다. 오늘날 널리 알려진 요가는 하타 요가이다. 현대의 요가는 몸과 마음을 단련하는 건강 스포츠의 하나로 인식되고 있다.

위스키Whiskey는 고대 게일어 'usige beatha우슈겨 베허'에서 유래한 말이다. '생명의 물'이라는 뜻이다. 이 단어는 라틴어 'aqua vitae생명의 물'가 게일어로 번역된 것이다. 이 말이 영어화하면서 위스키whiskey가 되었다. 위스키는 보리, 밀, 옥수수 등의 엿기름을 발효시킨 다음 증류하여 만든 알코올 도수가 높은 서양 술의 한 가지이다. 위스키는 십자군 전쟁 때 동방아랍의 증류 기술이 아일랜드를 거쳐 스코틀랜드로 전해져 만들어진 것이 시초이다. 오크통에서 오랜 기간 숙성해야 하기 때문에 가격이 비싼 술로 알려져 있다. 여기서 오크통은 참나무로 만든 통을 말한다. 와인이나 위스키를 숙성시킬 때 사용하는 보관 용기로 위스키의 맛은 오크통이 좌우한다는 말이 있을 정도로 대단히 중요한 보관 용기이다. 위스키의 종류로는 스카치위스키, 아이리시 위스키, 아메리칸 위스키 등이 있다. 가장 유명한 위스키는 스코틀랜드에서 만든 스카치위스키이다.

윈도우
window

윈도우window의 어원은 북게르만 어의 하나인 노르드어 'vindauga' 이다. 'viner바람'과 'auga눈'이 합쳐 진 단어이다. 'viner'가 영어로 건너 와 'wind'로 변했고 이것이 '창문'을 뜻하는 'window'가 되었다. 빌게이츠는 대학을 중퇴하고 '마이크로소프트'라는 이름의 회사를 창업했다. 그리고 이 회사에서 개발한 컴퓨터 운영체제는 마르지 않는 샘물이 되어 그를 세계 최고의 부자로 만들어 주었다. 이 프로그램 이름이 바로 '윈도윈도우'이다. 컴퓨터라는 가상의 세계로 들어가는 '창문'이라는 의미이다. 구매 의욕을 높이기 위해 매장에 설치된 유리벽에 마네킹을 세워두고 홍보하는 진열창을 '쇼윈도show window'라고 부른다. 여기서 파생된 말이 '쇼윈도 부부'이다. 겉으로만 좋아 보이는 부부를 말한다.

유머Humor의 어원은 라틴어 후모르humor이다. '체액體液'을 뜻
한다. 고대 생리학에서는 인간의 몸속에는 마음 상태를 조절
하는 네 가지 체액이 있다고 믿었다. 혈액blood과 담즙choler과
점액phlegm과 흑담즙black bile이 그것이다. 이 네 가지 체액의
배합에 따라 사람의 기질이 변화한다고 생각했다. 그리고 이
네 가지 체액의 가장 조화로운 상태를 굿 후모르good humor라
고 불렀다. 여기서 기분이 좋은 상태라는 의미의 유머라는 말
이 탄생했다. 좋은 기분을 유발하는 요인에 관한 사료는 플라
톤 시대까지 거슬러 올라간다. 플라톤은 보통의 규범에서 벗
어날 때 웃음이 나온다고 말했다. 현대 의학자들은 인체 호르
몬 중 엔도르핀이 사람의 기분을 좋게 한다는 사실에 주목했
다. 그리고 유머를 통한 웃음이 엔도르핀을 분비시키는 데 큰
효과가 있음을 밝혀냈다.

유토피아
Utopia

유토피아Utopia는 그리스어로 '없다'라는 뜻의 유ou와 '장소'라는 뜻의 토포스topos를 합쳐서 만든 말로 '어디에도 없는 장소'를 뜻한다. 유토피아는 영국의 사상가 토머스 모어Thomas More가 만들어낸 말로 1516년 그가 쓴 소설의 제목이기도 하다. 토머스 모어가 쓴 이 말의 진짜 의미는 현실에 존재하지 않는 이상적인 사회이다. 한마디로 '이상향理想鄕'이라 할 수 있다. 오늘날 유토피아는 더없이 좋은 사회를 일컫는다고 알려져 있지만 사실 소설 〈유토피아〉에 나오는 내용을 보면 좋은 점만 있는 것은 아니라는 것을 알 수 있다. 의무적으로 농사를 지어야 한다든지 노예가 되는 처벌이 존재한다든지 하는 것을 보면 지금의 여러 사회제도와 크게 다를 바가 없기도 하다. 유토피아를 비판한 대표적인 학자는 칼 포퍼이다. 그는 지나친 탐미주의는 사회를 오히려 망칠 수 있다며 경계를 드러냈다.

이데올로기에ideologie는 독일어로 그리스어 '이념'이라는 뜻의
'이데아idea'와 '논리'라는 뜻의 '로기에logie'를 합쳐서 만든 단어
이다. '이념 논리'를 일컫는 독일어 이데올로기에가 영어로 흘
러들어가 이데올로기ideology로 변화했다. 이데올로기라는 사
상체계를 처음 만든 사람은 프랑스의 계몽주의 철학자 '안톤
데스튀트 드 트레시Antoine Destutt de Tracy'이다. 그는 국가 권
력의 한계를 방어하는 자유주의 철학을 이데올로기에 접목
시켰다. 현대적 의미의 이데올로기의 탄생은 나폴레옹 시대
부터이다. 나폴레옹은 자신을 반대하는 사람들을 이데올로
그ideologue라고 불렀다. 오늘날 현대인들은 이데올로기를 정
치, 사회, 인식과 윤리를 모두 포함하는 개념으로서 세계를
변화시키는 밑바탕인 '관념 체계'로 인식한다.

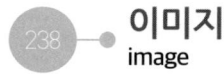

이미지
image

이미지image의 어원은 '모방하다'라는 뜻의 동사 '이미태리
imitari'에 명사형 어미 '아고ago'가 붙어서 만들어진 라틴어 '이
마고imago'이다. 심상心象을 뜻하는 말이다. 이미지는 단순히
심상만을 가리키는 말이 아니라, 추상적이든 실체적이든 '어
떤 대상에 대한 직관적인 상像'을 모두 지칭하는 말이다. 오늘
날 이미지는 2차원 평면 위에 그려진 시각적 표현을 의미한
다. 사진, 영상이 모두 이미지인 셈이다. 사진은 현실을 반영
하는 이미지이며, 영상은 현실과 작가의 가상 세계가 혼합된
이미지이다. 때로는 마음속에 떠오르는 어떤 형상을 이미지
라고 부르기도 하는데, 이러한 형상을 겉으로 표현한 것이 영
상이라 하겠다. 물론 그림도 마찬가지이다.

인디언indian은 인도india 사람이라
는 뜻이다. 대항해시대 콜럼버스
가 인도를 찾아 항해를 시작했는
데 그때 발견한 땅이 지금의 미국

이 위치한 아메리카 대륙이었다. 콜럼버스 일행은 이 땅이 인
도라고 생각했고, 여기에 사는 원주민들을 인도 사람을 뜻하
는 인디언 또는 인디오indio라고 불렀다. 많은 나라에서 '인디
언'하면 아메리카 원주민을 떠올리지만 그렇지 않은 나라가
있다. 바로 인디언의 원 주인인 인도이다. 당연하게도 인도에
서 '인디언'은 아메리카 원주민을 뜻하는 단어가 아니다. 이런
이유로 미국에서도 인디언이라는 이름을 쓰지 말자고 주장하
는 사람들이 있었으나 정작 아메리카 원주민의 반응은 시큰
둥했다. 그래서 요즘은 아메리카 원주민을 '아메리칸 인디언'
이라고 부른다. 아메리칸 인디언들은 1만 년 전쯤 시베리아
지역에서 넘어온 민족의 후손으로 추측된다.

인터뷰
interview

인터뷰interview는 '서로'라는 의미를 지닌 '앙트레entre'와 '바라 보다'라는 뜻을 지닌 '부아르voir'가 합쳐져서 만들어진 말인 프랑스 고어 앙트레뷰entrevue에서 유래했다. '서로 마주 보다' 라는 뜻이다. 오늘날 인터뷰는 취재, 조사 등을 목적으로 특 정 인물이나 집단과 직접 만나 서로 마주 보면서 질문을 통해 필요한 정보를 수집하는 행위를 가리킨다. 우리말로 '회견' 또 는 '면접 취재'라고도 부른다. 인터뷰는 피면접자의 반응을 면 밀히 분석하는 심층 인터뷰와 여러 사람을 동시에 인터뷰하 는 그룹 인터뷰가 있다. 일상에서 질문하고 답변하는 형식의 인터뷰 가운데 가장 대표적인 사례로 취직을 전제로 한 면접 인터뷰가 있다.

장르
genre

장르Genre는 원래 프랑스어로 '종류, 유형'을 뜻하는 말이다. 원래 생물학에서 '종種' 다음에 오는 '속屬'을 가리키는 말이었다. 오늘날 장르는 문학이나 예술작품을 분류하는 용어로 사용된다. 우리말로는 '문예 양식의 갈래'로 순화하여 쓰고 있다. 책, 영화, 음악, 게임과 같은 모든 문학적 예술적 행위를 비슷한 성격의 단위로 묶어 정의할 때 유용하다. 예를 들어 책은 소설, 예술, 역사, 경제, 사회, 과학과 같은 장르로 분류할 수 있고 또한 각 장르는 다시 하위 장르로 나뉜다. 소설의 경우 모험, 추리, 역사, 무협, 공포, 판타지, SF 등이 하위 장르이다. 사실 장르의 명확한 기준은 없으며 분류하는 사람이나 단체의 목적에 따라 그때그때 달라진다.

젠틀맨
gentleman

젠틀맨Gentleman은 향사견습 기사 아래 요먼자영농, 중산층 사이의 유산 계급 '젠트리gentry'에서 온 말이다. 초기의 영국 귀족들은 아주 거칠고 사나워 논쟁을 하다가도 곧잘 칼싸움으로 번지곤 했다. 그들은 자신들의 이 같은 거친 천성을 순화하기 위해 차츰 예절을 중시하게 되었다. 이들은 그 당시 최고의 예의범절 국가 프랑스로부터 에티켓을 배워와 점차 우아한 귀족의 모습으로 변하기 시작했다. 영국의 귀족 제도의 특징은 장남에게만 귀족 신분이 세습된다는 점이었다. 차남 이하의 자식들은 자연스럽게 평민의 지위에 머물러야 했다. 그렇다고 이들에게 농사를 짓게 할 수는 없으니 세습 특권이 없는 지주가 되는 경우가 많았다. 이들이 모여 새로운 계급인 '젠트리gentry'를 형성하게 되었고 이 계급이 젠틀맨의 기원이 되었다. 이처럼 젠틀맨이라는 말은 중세까지만 해도 신분적인 의미가 강했다. 오늘날에는 '예의 바르고 품위 있는 남자'를 가리키는 말로 널리 사용하고 있다.

좀비zombie는 아이티 부족의 민간
신앙인 부두교에서 비롯되었다.
부두교에서 좀비는 '살아있는 시
체'를 의미한다. 어원은 콩고어 '은
잠비nzambi'에서 유래했다. 은잠비는 '신'이라는 뜻이다. 부두
교의 사제가 영혼을 뽑아내면 그 사람은 좀비가 되어 사제의
명령대로 움직인다. 한마디로 주술 의식을 통해 태어난 기이
한 존재가 좀비이다. 만들어지는 과정과 생김새의 기괴함이
더해져 좀비는 여러 대중매체에 단골 소재가 되었다. 영화나
소설에 등장하면서 좀비의 탄생 배경에 변화가 일어났다. 제
작자들은 비과학적인 주술보다는 바이러스 감염과 같은 과
학적 사실에 바탕을 두기 시작했다. 좀비를 소재로 한 유명한
작품은 미국 드라마 〈워킹데드〉와 한국 영화 〈부산행〉이 있
다. 마이클 잭슨이 부른 'thriller'의 뮤직비디오도 좀비를 소재
로 제작되었다. 이 뮤직비디오는 역사상 가장 위대한 뮤직비
디오로 선정되었다.

지그재그
zigzag

244

지그재그Zigzag는 독일어 '자케zacke'에서 유래한 말이다. '톱니'를 뜻한다. 단어의 첫 스펠링에서 알 수 있듯이 직선이 아닌 Z자 모양으로 움직이는 형태를 가리킨다. 흔히 술 취한 사람이 걷는 모양을 보고 '지그재그로 걷는다'라고 표현한다. 무술의 한 종류인 '취권'은 술 취한 사람처럼 지그재그로 움직이며 상대를 농락하는 권법의 한 종류이다. 보통 지그zig는 왼쪽 방향을 재그zag는 오른쪽 방향을 의미한다. 도로에도 지그재그 차선이 있다. 운전을 하다 보면 간혹 지그재그 모양의 차선을 발견할 때가 있는데 많은 사람이 지그재그 차선의 의미를 잘 모른다. 지그재그 차선은 서행을 유도하는 차선으로 폭이 좁아지는 효과를 주어 속도를 줄이도록 만든다. 주로 학교 앞에서 많이 볼 수 있다.

지르박
jitterbug

지르박 jitterbug은 '안절부절못해 신경질적으로 몸을 흔든다'
는 뜻의 '지터 jitter'와 '뭔가를 열광적으로 좋아하는 사람'이라
는 뜻의 '버그 bug'가 합쳐진 말이다. 원래 발음은 '지터버그 jit
terbug'이다. 한마디로 지터버그는 '열광적으로 몸 흔들기를
좋아하는 사람'이라는 의미이다. 지르박은 20세기 중반 미
국에서 유행하던 춤의 하나인 스윙의 동부식 이름이다. 일
본 사람들이 지터버그 jitterbug를 '지루바'라 발음했고, 우리나
라 사람들은 이를 원어 발음에 가깝게 '지르박'이라 하였다는
설이 있고 주한 미군이 전파하는 과정에서 발음을 제대로 알
아듣지 못해 지르박이 되었다는 설이 있다. 지터버그는 재즈
음악에 맞추어 추는 격렬한 춤으로 흑인 음악에 바탕을 두고
있다. 세련되고 우아한 춤 자이브는 바로 이 지터버그에서
유래했다.

지퍼
zipper

지퍼Zipper는 천을 찢는 소리와 구어口語로 '힘'을 뜻하는 '짚zip'에서 유래한 말이다. 시카고의 가난한 발명가 위트컴 저드슨Whitcomb Judson은 수십 개의 단추가 달린 옷을 힘겹게 입고 있는 친구를 보며 고민에 빠졌다. 그리고 얼마 후 그는 손쉽게 잠글 수 있는 장치를 개발했는데 바로 클래스프 로커Clasp locker이다. 이 제품은 후크고리를 사용한 자동 여닫이 장치였다. 하지만 클래스프 로커는 실용화하지 못했다. 그가 죽은 뒤 1913년에 입사한 기데온 선드백Gideon Sundback은 후크 대신 클립을 이용한 개량품을 내놓았다. 이후 고무 덧신 제조회사 '굿리치Goodrich'는 이 여닫이 장치를 고무 덧신에 적용했다. 이때 굿리치의 사장은 자신들이 만든 고무 덧신에 새로운 이름을 달기 원했고 궁리 끝에 '지퍼zipper'라는 이름이 붙여졌다. 하지만 사람들은 '지퍼'라는 말을 고무 덧신의 이름으로 받아들이기보다는 덧신에 달린 새로운 여닫이 장치의 이름으로 받아들였다.

진토닉
gin & tonic

247

진토닉gin & tonic의 '진gin'은 라틴어로 '노간주나무'를 뜻하며 '토닉 tonic'은 그리스어로 '펼치다. 기운을 돋우다'라는 뜻이다. 진토닉은  진노간주나무 열매를 증류하여 만든 증류주에 토닉워터기운을 돋우는 탄산음료를 첨가하여 만든 칵테일이다. 여기에 가니쉬로 라임 한 조각을 올려놓는다. 가니쉬란 고명을 말한다. 진토닉은 인도에 주둔했던 영국 병사들에 의해 처음 만들어졌다. 말라리아 예방을 위해 마시던 탄산수의 쓴맛이 너무 강해서 진을 타 마신 것이 시작이다. 진토닉의 제조법은 간단하다. 칵테일 잔에 얼음을 넣고 진과 토닉을 넣어 잘 저어주면 된다. 가니쉬로 라임 외에 레몬, 자몽, 오렌지, 오이 등을 넣기도 한다. 진토닉은 가장 많이 사랑받는 칵테일 중 하나이다.

집시
Gypsy

집시Gypsy는 이집트인을 '에집션Egyptian'이라 부른 데서 유래한 말이다. 16세기 초 영국에 처음 유랑 민족이 등장했을 때, 영국 사람들은 이들이 이집트에서 온 사람들인 줄 알았다. 그래서 이들을 이집트 사람들이라는 뜻의 에집션이라고 불렀다. 하지만 이들은 인도 서북부 지역에 살던 코카서스족의 일족이었다. 집시 스스로는 자신들을 '롬Rom인'이라고 부른다. 롬어를 사용하는 사람이라는 뜻으로 여기서 롬은 '남자, 남편'이라는 뜻이 있다고 한다. 롬인들은 집시를 자신들을 비하하는 모욕적인 단어로 인식한다. 이들은 11세기부터 16세기까지 아시아와 유럽으로 널리 퍼져나갔다. 현재 유럽 중남부 지역을 중심으로 전 세계에 약 2백~3백만 명이 퍼져 있는 것으로 추정된다. 한편 집시를 '보헤미안'이라고도 부르는데 이는 프랑스 사람들이 집시를 보헤미아 출신으로 잘못 알고 붙인 이름이다.

징크스_{Jinx}는 고대 그리스에서 주술에 사용하던 개미잡이 새의 이름 '저크스_{Jugx}'에서 유래했다. 저크스는 딱따구리의 일종으로 개미를 잡아먹고 살며, 목을 자유로이 회전하는데 그 동작이 왠지 불길하다 해서 옛날부터 불길의 상징으로 여겨졌다. 오늘날 징크스는 프로스포츠에서 주로 사용하는 말이다. 보통 '~저주'라는 식으로 부른다. 처음 이 말을 쓴 프로스포츠는 미국 프로야구이다. 프로야구 팀 시카고 컵스는 70년 동안 우승을 하지 못했는데 그 이유는 염소를 데리고 야구장을 찾은 관객이 쫓겨나면서 한 말 때문이다. 그는 '시카고 컵스는 내 염소를 모욕했기 때문에 다시는 우승을 하지 못할 것이다'라는 말을 남겼다. 시카고 컵스는 정말 그의 말대로 이후 70년 동안 우승을 하지 못했다. 사람들은 이를 두고 '염소의 저주'라고 불렀다. '펠레의 저주'도 유명하다. 펠레가 우승 후보로 지목한 팀은 전부 우승을 하지 못한 데서 유래한 징크스이다.

차도르
chador

차도르chador는 페르시아어로 '덮개, 씌우개'라는 뜻이다. 차도르는 이란, 이라크를 비롯한 중동지역의 페르시아 문명권에서 외출할 때 여성들이 입던 옷으로 고대 수메르의 귀족 여성들이 입던 베일에서 유래했다. 중동 여성들이 입는 옷은 차도르 외에도 니캅과 부르카가 있다. 차도르가 얼굴을 노출하는데 비하여 니캅은 눈만 노출시키며 부르카는 아예 전신을 뒤덮는 옷이다. 아프가니스탄에서 미군이 철수하자 탈레반은 아프가니스탄 여성들에게 다시 부르카 착용을 강요하기 시작했다. 탈레반은 여성인권을 탄압한다는 이유로 전 세계인들로부터 지탄을 받고 있다. 차도르와 같은 폐쇄적인 의상은 주로 페르시아의 영향을 받은 나라에서만 입는다. 그 외의 이슬람 여성들은 '히잡'을 주로 착용하는데 히잡은 머리와 목 부분만 가리는 전통의상으로 스카프와 비슷하다.

챔피언
champion

챔피언Champion은 라틴어 '캄푸스campus'에서 유래했다. '들판'이라는 뜻이다. 이 단어가 '전사'라는 뜻의 캄피오campio가 되었고 프랑스어 샹피옹champion을 거쳐 최종적으로 챔피언champion이 되었다. 전사의 의미였던 챔피언은 오늘날 스포츠에서 승리한 팀을 가리키는 말로 변했다. 전 세계인의 사랑을 받는 스포츠 잔치인 FIFA 월드컵의 최종 우승국 역시 챔피언이라고 부른다. 월드컵 우승국이 되면 유니폼에 있는 상단 마크 위에 별을 새길 수 있다. 가장 많이 우승한 브라질은 자국 유니폼에 별이 다섯 개나 붙어있다. 다시 말해 다섯 번 챔피언에 올랐다는 뜻이다. 일반적으로 챔피언에게는 메달이 수여된다. 하지만 복싱을 비롯한 격투기는 '챔피언 벨트'가 주어진다.

체스Checs의 어원은 페르시아어로 '왕'을 뜻하는 '샤Shah'이다. 독일어로는 샤흐schach이고 프랑스어로는 셰스Checs이다. 체스는 주로 귀족들이 즐기는 놀이로 가로와 세로 각각 8줄씩 64칸으로 배열된 보드 위에서 움직일 수 있는 말을 가지고 두 명이 승부를 겨루는 게임이다. 동양의 '장기'와 비슷하다 하여 '서양장기'라고도 부른다. 주로 왕자들에게 전쟁에서 이길 수 있는 전술을 가르치거나 통치술을 익히는데 사용되었다. 체스의 기원은 무려 4천 년 전까지 거슬러 올라간다. 하지만 지금의 체스 경기와 비슷한 형태는 15세기에 만들어졌다. 18세기에는 커피하우스에서 체스를 즐기는 클럽이 생겨나기도 했다. 지금은 2년마다 세계체스선수권대회가 열린다. 20세기 후반 체스 컴퓨터가 발명되어 인간과 컴퓨터 간의 체스 게임이 벌어지기도 하였으며 '딥 블루'라 불리는 컴퓨터는 세계 체스 챔피언을 이기기까지 했다.

초콜릿
chocolate

초콜릿Chocolate의 어원은 멕시코어 '쇼콜라틀xocolatl'이다. 여기서 '쇼콜xocol'은 '거품'이라는 뜻이고 '아틀atl'은 '물'이라는 뜻이다. 아  즈텍 고어에서 유래한 말이다. 북미의 마야인들이 코코아를 갈아 마신 것이 쇼콜라틀의 시초이다. 콜럼버스가 처음 유럽에 소개했지만 널리 퍼트린 사람은 정복자 에르난도 코르테스Hernando Cortes이다. 아즈텍 사람들로부터 쇼콜라틀을 대접받아 마신 코르테스는 이 음료를 스페인으로 들여왔다. 그는 쇼콜라틀을 카를로스 1세에게 선물했고 이때부터 귀족들 사이에 퍼지기 시작했다. 17세기에는 유럽 전체로 뻗어나갔다. 영국에서는 1728년, 미국에서는 1765년에 초콜릿 제조회사가 창립되었다. 우리나라에서는 1968년 해태제과에서 처음으로 초콜릿을 만들었다.

치즈
cheese

치즈Cheese는 라틴어 '카세우스 caseus'에서 유래했다. 카세우스 는 포유동물의 젖 속에 있는 단백 질인 카세인casein을 가리키는 말 이다. 치즈의 역사는 선사시대부터 시작한다. 오늘날 폴란드 의 쿠야비 지방에서 기원전 5500년경에 만든 것으로 보이는 유지방 분자의 흔적이 발견되었다. 성서에는 다윗 왕에게 진 상된 음식 가운데 하나로 '가축에서 얻은 치즈'에 관한 기록 이 나온다. 본격적으로 치즈가 생산된 것은 BC 3500년경 메 소포타미아 지방에서 젖소를 사육하면서 자연스레 각종 축산 및 유가공업이 발달하면서부터이다. 로마인들은 치즈를 몹 시 즐겼다고 알려져 있다. 로마군은 고기 대신 치즈를 먹기도 했다. 우리나라는 미군에 의해 들어온 것이 시초이다. 1960 년 벨기에 가톨릭 사제인 지정환이 전라북도 임실에서 우리 나라 최초로 치즈를 생산했다.

치킨chicken은 고대영어로 '병아리, 새의 새끼'를 뜻한다. 오늘날 '치킨'은 '프라이드치킨튀김닭'을 말한다. 닭을 튀겨 먹는 요리는 오래전부터 있었다. 하지만 지금과 같이 대중적인 먹거리로 발전한 계기는 18~19세기에 들어서다. 미국 남부에서 일하던 아프리카계 미국인들은 돼지나 소보다 구하기 쉬웠던 닭을 요리해 먹었는데 이때 이들이 참고한 요리가 스코틀랜드와 아일랜드계 이민자들이 즐겨먹던 전통 닭튀김 요리였다. 원래 닭튀김 요리에는 별다른 양념이 들어가지 않았지만 아프리카계 미국인들은 다양한 조미료와 향신료를 첨가해 닭을 튀겼다. 가장 유명한 치킨 프랜차이즈는 미국의 KFC켄터키프라이드치킨이다. 흰색 양복에 지팡이를 들고 서 있는 창업자 할랜드 샌더슨 조각상으로 유명하다. 우리나라는 1977년 명동 신세계백화점 본점 지하에 생긴 림스치킨을 최초의 프랜차이즈 치킨으로 본다. 림스치킨은 지금도 운영되고 있다.

카니발
carnival

카니발Carnival은 '고기'라는 뜻의 라틴어 '카르니스carnis'와 '없 애다'라는 뜻의 '레바레levare'가 합쳐진 말인 '카르네레바리움 carnelevarium'이 어원이다. '고기를 금한다'라는 뜻이다. 예수 의 부활을 기념하는 사순절四旬節에는 고기를 먹지 않는 전통 이 있었다. 이 사순절에 앞서 육식을 허락하는 축제를 여는 데 이 축제가 바로 '사육제謝肉祭' 즉 카니발 축제이다. 어원상 으로는 '고기여 안녕!'이지만 실제는 고기를 끊기 이전에 먹도 록 허락된 기간이므로 육식을 허락하는 축제란 뜻의 사육제, 즉 카니발이 된 것이다. 카니발에서 파생된 말로 '카니발리즘 cannibalism'이 있다. 동족을 잡아먹는 행위를 뜻한다. '식인'도 여기에 포함된다. 잔인한 문화로 인식되지만 카니발리즘 문 화는 대부분의 문화권에서 기록으로 남아 있을 만큼 대중적 인 행위였다.

카드 card는 중세 프랑스어로 '종이 한 장'이라는 뜻이다. 오늘날 카드는 손에 쥘 수 있는 두꺼운 종이나 플라스틱 조각을 의미한다. 일상에서 가장 많이 쓰는 카드는 신용카드와 신분증, 명함, 자격증과 같은 증명 카드가 있다. 가장 오랜 역사를 지닌 카드는 우리가 흔히 '트럼프 카드'라고 부르는 '플레잉 카드'이다. 52장의 플레잉 카드 한 벌을 '팩'이나 '덱'이라고 부르는데 이 용어는 셰익스피어 시대에도 있었다. 역사가들은 카드의 기원을 아시아로 보고 있다. 중국과 인도가 유력한 후보로 꼽힌다. 카드가 어떻게 유럽으로 전해졌는지 정확한 사료는 없지만 베네치아인 아마도 마르코 폴로에 의해 전해졌다는 설이 유력하다. 이탈리아에서는 1299년 플레잉 카드에 대한 기록이 남아 있으며, 스페인은 1371년, 독일은 1380년부터 기록이 남아있다.

카레
curry

카레_{curry}는 스리랑카 북부 민족인 타밀족의 언어인 타밀어 '카리_{currie}'에서 유래했다. 카리는 '소스'라는 뜻이다. '카레'는 인도 음식인 '커리'의 일본식 표현이다. 카레는 강황을 비롯한 향신료에 채소와 고기를 섞어 맛을 낸 요리이다. 고대 인더스 문명 시절부터 먹던 유서 깊은 음식이다. 일본 메이지 시대 영국에서 일본으로 전해진 커리가 일본식으로 바뀌어 카레가 되었고, 이것이 우리나라로 넘어왔다. 지금 우리가 먹는 카레는 엄밀히 말하면 일본식 커리이다. 자장면이 중국에서 넘어왔지만 중국색이 전혀 없는 것처럼 카레 역시 일본으로 넘어와 현지화하면서 인도 전통 음식의 느낌은 사라졌다. 우리나라 식품업체에서 만든 카레는 유난히 노랗다. 그 이유는 강황 함유량이 높기 때문이다. 1963년 제일식품화성주식회사에서 만든 '스타 카레분'이 한국 최초의 카레 제품이다.

카르텔Kartell은 라틴어 '카르타charta'에서 유래했다. 서면이나
문서를 뜻한다. 중세 시대 전쟁의 끝을 알리는 휴전협정 문서
에서 기원한 것으로 알려져 있다. 오늘날 카르텔은 본 뜻과
달리 공동의 이익을 위해 담합하는 행위를 말한다. 주로 경제
용어로 많이 사용된다. 자유경쟁이 아닌 독과점적인 수익을
목표로 기업들이 뭉치는 비윤리적 행위이다. 담합은 당연하
게도 소비자에게 불리하게 작용한다. 싼 가격에 제품을 살 권
리를 소비자로부터 박탈하는 것으로 각국에서는 담합행위를
철저히 금지하고 있다. 우리나라 역시 '독점규제 및 공정거래
에 관한 법률'을 제정하여 기업 간의 비윤리적 담합행위를 못
하도록 막고 있다. 범죄를 목적으로 서로 다른 조직이 뭉쳐
활동하는 것 역시 카르텔이라고 부른다. 마피아 카르텔이 대
표적이다.

카리스마
charisma

260

카리스마Charisma는 그리스어 '카하리스마kharisma'에서 유래했다. '신의 축복, 선물, 재능'을 뜻한다. 독일 출신의 사회학자 막스 베버Maximilian Weber가 처음 쓰기 시작했다. 그는 자신의 저서 〈경제와 사회〉에서 전통적, 법률적 권위와 구별되는 또다른 형태의 권위라는 의미로 이 말을 썼다. 막스 베버는 카리스마적 지배를 '비범하고 신성한 능력을 토대로 정당화된 특정 지도자나 예언자의 지배 형태'로 정의했다. 아무런 배경도 없이 카리스마 하나로 권력의 정점에 오른 율리우스 카이사르나 나폴레옹이 대표적이다. 카리스마는 힘에 의한 지배가 아닌 자발적인 숭배에 가깝다. 외향적이고 적극적인 사람이 카리스마가 있다고 생각하기 쉽지만 의외로 내성적인 사람에게서 풍기는 카리스마가 더 강하다. 예수 그리스도가 대표적이다.

카메라camera는 라틴어 'camera obscura카메라 옵스큐라'에서 온 말로 '어두운 방'을 뜻한다. 카메라 옵스큐라는 레오나르도 다빈치를 비롯 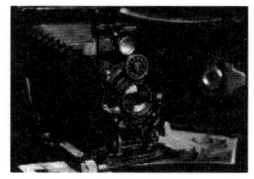 한 르네상스 예술가들이 스케치 가이드로 사용하기 위해 제작한 어둠상자였다. 최초의 사진기는 1685년 독일의 '요한 잔'이 만들었다. 최초로 인화된 사진은 프랑스 화학자 조셉 니엡스가 1826년에 찍은 것으로 부르고뉴에 있는 그의 다락방에서 바라본 풍경이다. 오늘날과 같은 35mm 필름을 사용한 카메라는 1925년에 나온 라이카 카메라이다. 우리나라는 1883년 황철이란 사람이 중국에서 처음 카메라를 들여온 것이 시초이다. 황철은 집에 사진관을 만들고 날마다 저잣거리로 나가 사진을 찍었다. 하지만 황철은 관료들에 의해 의금부에 갇히는 신세가 되었다. 그의 죄목은 지금으로 말하면 국가안보위협이었다. 우리나라 최초의 사진관은 1907년 김규진과 박주진이 세운 '천연당사진관'이다. 서울시 중구 소공동에 있었다.

카바레
cabaret

카바레Cabaret의 어원은 두 가지이다. 하나는 '지하실'을 뜻하는 '카베cave'이고 다른 하나는 아랍어로 '주점'을 뜻하는 '카마레트khamaret'이다. 참고로 우리나라에서는 카바레의 오기인 '캬바레'로 더 잘 알려져 있다. 카바레의 기원은 프랑스이다. 1880년대 무대가 있는 작은 술집에서 시작되었다. 음식과 술과 댄스를 즐기던 무대가 있는 사교장으로 초기에는 아마추어 연극이 주를 이루었다. 이 당시 가장 유명했던 카바레로는 '물랑 루주Moulin Rouge'가 있다. 파리의 몽마르트 언덕에 위치한 물랑 루즈는 이름 그대로 빨간 풍차로 디자인된 카바레였다. 한번 불에 탔다가 1921년 재건되어 지금까지 내려오고 있다. 캉캉춤을 최초로 선보인 곳이기도 하다. 동명의 영화가 있을 정도로 유명한 카바레이다. 한국은 해방 이후 호텔의 증가와 함께 카바레가 생겨났다. 우리나라에서는 주로 춤을 추는 무도장이나 사교장을 가리키는 말로 쓰인다.

카스트caste는 라틴어 'castus카스투스'에서 파생된 말이다. 카스투스는 '인종, 순수'라는 뜻이다. 16세기 대항해시대에 인도와 활발히 무역을 하던 포르투갈 사람들이 인도에서 만난 다양한 종족을 보고 부르던 말이었다. 지금의 카스트는 인도의 세습 계급 제도를 의미한다. '카스트'가 인도의 세습 계급 제도로 널리 쓰이게 된 것은 18세기 인도를 식민지로 삼았던 영국에 의해서다. 이들은 다양한 종족으로 구성된 인도 사회를 보고 어떻게 표현해야 할지 몰라 고민하다가 '카스트'라는 단어를 쓰기 시작했다. 인도 정부는 인도의 발전을 가로막고 있는 카스트 제도를 없애려고 역차별법까지 만들었지만, 워낙 뿌리가 깊어 지금도 해결하지 못하고 있다. 카스트는 브라만사제, 지식인, 크샤트리아군인, 통치자, 바이샤중산층, 수드라농민, 노동자의 네 계급으로 나뉘며 복식도 흰색, 적색, 황색, 흑색으로 엄격하게 구별하고 있다.

카우보이
cowboy

카우보이cowboy는 말 그대로 '소를 돌보는 소년'이라는 뜻이다. 미국 서부 개척시대의 소몰이꾼을 '카우보이'라고 불렀다. 참고로 'cow'는 라틴어로 '꼬리'를 뜻한다. 카우보이는 원래 스페인의 전통문화였다. 스페인 사람들이 아메리카 대륙으로 넘어오면서 카우보이 문화가 전해졌다. 멕시코와 텍사스의 카우보이들은 야생 소를 캔자스 주의 '닷지dodge'나 '애빌린abilene'으로 운반하는 일을 했다. 원래 카우보이는 소를 키우는 사람이 아니라 소 운송업자였다. 일부 서부 개척자들은 스페인의 전통을 물려받은 멕시코 카우보이들로부터 올가미, 밧줄, 안장, 박차, 낙인 사용법을 배웠다. 카우보이는 수입이 워낙 적었기 때문에 강도로 돌변하는 경우도 많았다. 서부영화에 나오는 것처럼 백인이 카우보이로 일하는 경우는 매우 드물었고 주로 흑인이나 히스패닉스페인어권 사람들 출신이 많았다. 철도와 목장의 발달로 카우보이 문화는 서서히 사라졌다.

카지노Casino는 '작은 집'이라는 뜻
으로 라틴어 '카자casa'에서 유래했
다. 원래 카지노는 귀족들이 소유
했던 대중적인 사교장이었다. 르
네상스 시대 카지노는 오락용 별관을 가리키는 말이었다. 고
전적인 카지노의 시작은 1861년 개장한 몬테카를로 카지노
이다. 1879년 도박 시설을 갖추면서 현대적 의미의 도박장으
로 바뀌었다. 오늘날 카지노는 관광지나 온천지, 휴양지 등에
룰렛 또는 슬롯머신 등의 기기를 갖춰놓고 도박게임을 하는
곳을 일컫는다. 가장 유명한 카지노 도시로 미국의 라스베이
거스가 있다. 후버댐 공사를 시작으로 발전한 라스베이거스
가 도박의 도시로 이름을 떨치기 시작한 것은 영화 〈에비에
이터〉의 실제 주인공인 억만장자 하워드 휴즈가 라스베이거
스에 있는 부동산을 사들이면서부터이다.

266 카키
khaki

카키_{khaki}의 어원은 페르시아어 'khak_{먼지}'이다. 이 단어가 인도 우르두어를 거쳐 지금 우리가 쓰는 색의 한 종류를 뜻하는 말이 되었다. 인도가 영국의 식민지였던 시절 영국군이 입었던 군복 색상이 카키색이었다. 카키색은 이름 그대로 모래색이다. 사막에서 임무를 수행하는 군대의 군복색은 대부분 카키색이다. 사실 카키색은 오래전부터 군인의 군복 색상으로 사용되었다. 위장 색인 얼룩무늬가 널리 퍼지기 전까지 군복 하면 대부분 카키색이었다. 대한민국 해군의 하절기 근무복과 해병대 하정복 상의도 카키색이다. 1차 세계대전 미국은 군용품의 색으로 카키색에 올리브 담갈색을 섞어서 썼다. 그래서 그런지 우리나라에서는 올리브색과 카키색을 혼동해서 부르는 경우가 많다. 하지만 두 색은 엄연히 다른 색이다.

영어 카타르시스_{Catharsis}는 그리스어 '카타로스_{Katharos}'에서 유래한 말이다. '청결', '순수'를 뜻한다. 카타르시스를 최초로 언급한 사람은 그리스 철학자 아리스토텔레스이다. 그는 자신의 저서 〈시학詩學〉에서 '관객은 비극을 봄으로써 마음에 쌓였던 우울함, 불안감, 긴장감 따위를 해소한다'라고 하였다. 이후 카타르시스는 '정화'라는 의미로 일반에 널리 사용되기 시작했다. 카타르시스는 '희열'이나 '쾌감'과는 다소 다른데 그 이유는 비극적이거나 암울한 상황이 해결된 이후의 상태를 말하기 때문이다. 따라서 카타르시스는 기분이 고양된 상태, 즉 구속에서 벗어난 자유로운 상태로 보는 것이 더 합당하다. 오늘날 카타르시스는 연극, 문학, 심리학, 종교 등 전 분야에 걸쳐 널리 쓰이고 있다.

268 카페
cafe

카페Cafe는 프랑스어 '카페테리아 cafe teria'의 준말이다. '커피를 파는 집'이라는 의미이다. 카페테리아는 나라마다 뜻이 좀 다른데 프랑스에서는 말 그대로 커피를 마시며 이야기를 나누는 공간을 말하는 반면 영국에서는 가벼운 식사까지 할 수 있는 식당을 말한다. 17세기 중반 유럽을 중심으로 번성한 카페는 지금의 인터넷처럼 정보를 유통하는 창구 역할을 톡톡히 해냈다. 참고로 카페의 원형이 처음 생겨난 나라는 오스만 제국이다. 1611년 이스탄불에 문을 연 '카흐베하네Kahvehane'를 최초의 카페로 보고 있다. 하지만 이보다 이른 1530년 시리아의 다마스쿠스에 처음 커피를 파는 집이 생겼다는 설도 존재한다. 아무튼 카페의 원조가 유럽이 아니라 아랍이었던 것만큼은 분명해 보인다. 인터넷이 발달한 오늘날 '사이버 공간 속의 동호인 모임이나 그 공간 자체'도 카페라 하는데, 이것은 회원제로 운영되는 인터넷 게시판의 한 종류이다.

칵테일Cocktail은 술위스키, 브랜디, 진 등과 여러 종류의 음료나 첨가물을 섞어 만든 혼합주를 말한다. 칵테일cocktail이라는 말을 분해하면 'cock수탉'과 'tail꼬리'이 된다. 하지만 왜 술 이름이 수탉 꼬리가 되었는지 명확하지 하다. 달걀노른자를 넣은 음료에서 왔다는 설과 수탉을 삶아낸 국에 에일ale을 섞어 나온 술이라는 설 등 많은 가설이 있지만 정확하게 밝혀진 바는 없다. 확실한 것은 칵테일이 미국에서 유행했다는 사실이다. 1차 세계대전 이후 미군들에 의한 전파와 20세기 초 시행된 금주법으로 인하여 유럽으로 건너간 바텐들에 의한 전파로 유럽에 알려지기 시작했다. 고대시대에도 맥주에 과즙을 타서 마신다든지, 포도주에 물을 타서 마신다든지 하는 원시적 방법의 칵테일이 존재했다. 오늘날 칵테일은 세계적으로 널리 사랑을 받고 있으며 그 종류도 수천 종에 이른다.

칼럼
column

칼럼Column은 라틴어 '콜룸나columna'에서 유래했다. '기둥'을 뜻한다. 콜룸나는 로마 사람들이 만든 도로 표지석이다. 이 표지석에는 도로를 만든 사람의 이름을 비롯해 많은 정보가 들어 있다. 여기서 올바른 정보를 의미하는 오늘날의 '칼럼'이 유래했다. 콜룸나는 1마일 마다 세워져 거리 계산으로도 사용되었다. 지금의 칼럼은 정치, 경제, 시사, 사회 등 각 분야에 대한 전문가들의 평가나 개인적인 생각을 담은 글을 말한다. 그리고 이런 글을 쓰는 사람을 칼럼니스트라고 부른다. 날카로운 풍자를 담고 있는 경우가 많다. 우리나라 일간지의 대표적인 칼럼으로는 중앙일보의 '분수대', 서울신문의 '외언내언', 동아일보의 '횡설수설', 조선일보의 '만물상' 등이 있다.

칼로리_{Calorie}의 어원은 라틴어 '칼로르_{calor}'이다. '열熱'을 의미한다. 칼로리는 에너지 단위이다. 물체 사이에 전해지는 에너지의 양을 말한다. 일반적인 칼로리의 정의는 물 1그램을 $1°C$ 높이는데 필요한 열량이다. 1칼로리는 4.184J_줄이다. 식생활이 좋아지고 건강에 관한 관심이 높아지면서 오늘날 칼로리는 아주 중요한 단위 가운데 하나가 되었다. 체내에 축적된 칼로리는 기초대사나 활동대사, 그리고 식이성 발열효과 등에 쓰인다. 이러한 소모 활동이 부족하면 건강을 위협한다. 참고로 지방 조직 1kg을 없애려면 7800kcal를 소모해야 한다. 적정 칼로리 계산 공식은 다음과 같다. 남자 : '66.47+13.75X체중kg)+(5X키cm)-(6.76X나이)' 여자 : '655.1+(9.56X체중kg)+(1.85X키cm)-(4.68X 나이)'이다.

캐디
caddie

캐디Caddie는 골프 경기에서 플레이어와 함께 홀을 돌며 플레이어의 클럽을 운반하거나 그린에서 깃대를 잡아 주는 일을 하는 사람이다. 때에 따라서는 조언을 해주기도 한다. 캐디가 언제부터 생겼는지는 확실하지 않다. 메리 스튜어트 스코틀랜드 여왕이 골프를 칠 때 데리고 다니던 어린 병사들에서 유래했다는 설이 있다. 이 병사들을 프랑스어로 '르 카데le cadet'라고 불렀다. 프랑스어를 쓴 이유는 메리 여왕이 프랑스 출신이기 때문이다. 처음으로 캐디에 관한 기록이 발견된 것은 영국이다. 1681년 요크 지역의 한 백작이 골프경기에서 캐디 역할을 하는 사람을 데리고 다녔다고 기록되어 있다. 이 사람이 바로 나중에 클럽 제작자가 되는 앤드루 딕슨이다. 오늘날은 플레이어와 게임도구를 운반하는 카트가 널리 사용되면서 캐디의 역할이 많이 줄어들었다.

캐러멜
caramel

캐러멜caramel의 어원은 두 가지 설이 있다. 라틴어 'cara막대'
와 'mel꿀'이 합쳐진 단어라는 설과 아랍어 '쿠랏 알 밀흐달콤한
소금 덩어리' 설이 있다. 오늘날 캐러멜은 어두운 갈색의 설탕을
졸여 만든 사탕을 말한다. 약 115도 이상에서 설탕을 졸인 끈
적끈적한 액체 상태의 캐러멜을 용기에 부어 식힌 다음 자르
면 된다. 제조법이 간단하므로 집에서도 만들 수 있다. 캐러
멜은 그 자체로 상품성이 있지만 다른 제품에 첨가물로 들어
갈 때도 많다. 대표적인 식품으로 브리틀, 프탈린, 아이스크
림 등이 있다. 우리에게 친숙한 캐러멜은 일본 모리나가에서
만든 '밀크캐러멜'이다. 1979년 오리온에서 나온 캐러멜이 바
로 이것인데 포장지와 내용물 모두 똑같다.

캐리커처
caricature

캐리커처Caricature는 이탈리아어 '캐리카투라caricatura'에서 유래한 말이다. '과장된 것'이라는 뜻이다. 오늘날 캐리커처는 익살스럽고 희극적으로 왜곡해서 그린 그림을 말한다. 사물이나 사람의 두드러진 면을 부각(과장)하여 그린 그림으로 대부분 비례가 맞지 않는다. 비례의 불균형에서 오는 재미와 해학이 캐리커처의 가장 큰 특징이다. 캐리커처를 그린 사람 가운데 가장 유명한 사람은 레오나르도 다빈치Leonardo da vinci 이다. 그는 자신이 그린 인물 속에 에로틱함과 음탕함 그리고 허영심과 같은 인간의 비밀스러운 모습을 반영했다. 그의 그로테스크한 작법은 캐리커처의 중요한 연구 자료가 되었다. 캐리커처가 널리 알려진 계기는 중세 유럽에서 가톨릭교회의 위선을 비꼰 그림들이 서민들 사이에서 크게 환영을 받으면서부터이다. 최초의 인물 캐리커처는 17세기 무렵 이탈리아에서 등장했으며 18세기 영국을 중심으로 정치적 표현의 한 수단으로 캐리커처를 사용하기 시작했다.

캐비닛cabinet은 고대 프랑스어 'canin방'과 'et작은'이 합쳐진 단어로 '작은방'이라는 뜻이다. 과거에 캐비닛은 귀중품을 보관하는 자그마 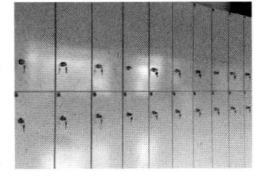 한 장소를 의미했다. 캐비닛을 가구로 처음 사용한 나라는 르네상스 시절 이탈리아이다. 이후 금박, 양각, 상감 기법을 동원하여 제작한 아기자기한 캐비닛이 유럽 각지에서 만들어지기 시작했다. 이 시절 캐비닛은 실용성을 띤 가구라기보다 예술품에 가까웠다. 오늘날 캐비닛은 르네상스 시절 화려했던 가구가 아닌 사무용 가구의 하나로 분류된다. 사무실에서 서류를 보관하거나 사무용품이나 비품을 보관하는 용도로 쓰인다. 이외에도 사우나나 운동선수의 사물함, 도서관이나 독서실, 그리고 지하철과 같이 대중이 많이 이용하는 곳에서 개인용품을 보관하는 용도도 활용된다. 이렇듯 오늘날 캐비닛은 실용성에 초점을 둔 대표적인 가구 중 하나이다.

캔디
candy

캔디는 아랍어로 '설탕'이란 뜻으로 모래처럼 만들어진 감미료를 의미했다. 최초로 만들어진 캔디는 레몬의 껍질을 이용해 만든 '캔디드 레몬필'이다. 70여 가지 이상의 농산물이 캔디를 만드는 원료로 쓰인다. 열량이 매우 높은 식품이며, 종류만 해도 2000가지가 넘는다. 대표적인 제품으로 '츄파춥스'가 있다. 츄파춥스는 스페인 회사가 만든 제품으로 스페인은 오래 전부터 사탕으로 유명한 나라였다. 우리나라에서 가장 많이 소비되는 사탕은 '박하사탕'이다. 박하향이 입안을 개운하게 만들기 때문에 많은 식당에서 후식용으로 박하사탕을 제공한다. 이처럼 보기에도 예쁘고 맛도 좋은 식품이지만 건강에는 좋지 않다. 사탕은 비만과 당뇨병의 주범으로 꼽힌다.

캔슬
cancel

캔슬Cancel은 라틴어 '캔셀리cancelli'가 그 어원이다. 라틴어로 '격자#'를 가리킨다. 격자가 취소의 뜻으로 쓰이기 시작한 이유는 종이가 몹시 귀하던 시절 글을 쓰다가 틀린 부분이 나오면 종이를 버리기보다는 그 부분에 #로 표시를 해두었기 때문인데 이러한 행동에서 파생되어 나온 것이다. 캔셀리가 영어 캔슬Cancel로 어형변화하여 '해약'이나 '취소'를 일컫는 말이 되었다. 캔슬은 무역에서 상품의 선적 지연이나 품질 문제로 수출국에 계약을 파기하는 것을 이르는 말로 주로 쓰이다가 일상생활로 확장되었다. 개인 상호 간의 계약 파기나 약속의 깨짐, 그리고 부동산 거래나 상품 거래에 있어서 발생하는 취소 행위를 캔슬이라고 부른다. 보통 취소하는 사람의 사유가 제품의 하자나 계약 상의 조건 불이행이 아니라면 일정액의 수수료를 물어야 하는 경우가 발생한다. 모든 매매 계약서에는 캔슬 조항이 들어가 있으므로 눈여겨 살펴보아야 한다.

캘린더
calendar

캘린더calendar는 로마시대의 '금전 출납부'를 의미했다. 로마시대 금융업자들은 매달 초하루에 이자를 지불했는데 이때 초하루를 뜻하는 'calendae'에서 유래한 말이다. 지금 우리가 쓰는 태양력양력은 로마의 율리우스 카이사르 시대에 만들어졌다. 당시 로마력은 1년이 10개월뿐이어서 계절의 흐름과 오차가 있었다. 이 문제를 해결하기 위해 윤달을 만들었는데 이조차 문제를 일으키자 율리우스 카이사르는 1년을 12개월 365일로 바꾸어 버렸다. 지금도 달력에는 그의 흔적이 남아 있는데 7월을 뜻하는 'july'는 율리우스 카이사르의 '율리우스julius'에서 유래했다. 그리고 8월을 뜻하는 'august'는 율리우스 카이사르의 후계자이자 로마 초대 황제인 아우구스투스augustus의 이름을 따서 지었다. 아우구스투스는 양아버지 이름을 붙인 7월은 31일까지 있는데, 자기 이름을 붙인 8월은 30일 까지라는 사실이 못마땅했다. 그래서 그는 8월도 7월과 똑같이 하루를 더 늘려 31일로 만들었다.

캠페인campaign은 라틴어 'campus들판'가 어원이다. 캠프camp
와 어원이 같다. 캠페인campaign은 '야전에서 군사활동을 하
다'라는 뜻으로 오늘날에는 군사행동이나 사회적 운동을 통
틀어 의미하는 말로 쓰인다. 성과를 내려고 일정 기간 벌이
는 일련의 활동으로 가장 대표적인 캠페인은 광고 캠페인과
선거 캠페인이 있다. 특히 정치적 목적의 캠페인은 바람직하
지 않은 방향으로 흐를 때가 많다. 상대의 결점이나 실수를
끄집어내 확대재생산하는 캠페인을 흑색선전 혹은 네거티브
캠페인negative campaign이라 부르는데, 1980년대 미국 대통령
선거에서 많이 쓰던 방법이다. 1988년 부시 대통령이 상대당
후보인 듀카키스 주지사를 향해 벌인 네거티브 캠페인이 대
표적이다. 정책보다 상대를 비방하는 선거 캠페인은 우리나
라에까지 퍼져 대통령 선거뿐 아니라 지방자치단체장 선거
에서도 정책은 없고 비방만 난무하는 보기 흉한 모습을 연출
하고 있다.

캠프
camp

캠프camp의 어원은 라틴어 'campus들판'이다. 오늘날에는 야영이나 군부대를 뜻하는 말이 되었다. 대표적인 캠프는 로마 시대로 거슬러 올라간다. 캠프는 로마군의 임시 숙영시설이었다. 그들은 캠프의 배치도를 가지고 다니며 어디를 가나 한결같은 설계로 재빠르게 캠프를 세웠다. 로마군단의 캠프는 적의 기습에 대비한 최적화된 설계와 견고함으로 승리의 밑바탕이 되었다. 유럽의 많은 도시가 로마군단의 캠프에서 시작되었다. 대표적으로 런던이 있다. 대한민국에 주둔하고 있는 각각의 미군 부대 역시 캠프라고 부른다. 캠핑camping은 '들판에서 생활한다'는 뜻으로 현재 많은 사람이 즐기는 여가 활동 가운데 하나로 자리 잡았다. 백패킹, 글램핑, 오토캠핑 등 다양한 종류의 캠핑이 있다. 레크리에이션 목적의 야영은 영국의 템스강에서 처음 시작되었다.

캡틴captain은 중세 이탈리아어 'caput'에서 온 말로 '머리'를 뜻한다. 한 무리의 우두머리라는 뜻으로 오늘날 군대의 계급 가운데 하나이다. 미 육군과 공군에서는 중대의 지휘관인 대위 계급을, 미 해군에서는 대령 계급을 캡틴이라고 부른다. 군부대뿐 아니라 집단이라면 어디든 캡틴이 존재한다. 바다의 캡틴은 선장이며 스포츠에서 캡틴은 주장이다. 우리나라 스포츠계의 대표적인 캡틴으로 '박지성'이 있다. 4강 신화를 이룩한 '2002 월드컵' 전사 가운에 한 명이며 유럽에서 가장 인기 있는 구단인 '맨체스터 유나이티드'에서 13년간 활약했다. 전 세계적으로 유명한 캡틴은 마블 코믹스에서 창조한 캡틴 아메리카가 있다. 원래는 만화 속 주인공이었으나 할리우드에서 영화로 만들어 전 세계인의 사랑을 받는 캐릭터가 되었다. 그는 아이언맨, 헐크, 스파이더맨 등의 내로라하는 히어로들을 이끌며 지구를 외계인으로부터 지키는 막중한 임무를 맡는다.

282
커피
coffee

커피_{Coffee}는 커피의 원산지인 에티오피아의 남부지역인 '카파_{kaffa}'에서 유래했다는 설과 아랍어 '까후와_{qzhwah}'에서 유래했다는 설이 있다. 까후와는 '배고픔을 달래다'라는 의미의 단어가 어형 변화한 것으로 '술_{와인}'을 가리킨다. 이슬람에서는 배고픔을 이기기 위해 각성효과가 있는 음료를 마셨다고 하는데 술과 비슷한 효과가 있다고 하여 붙여진 이름이다. 이것이 나중에 커피로 변하였다. 커피는 나라마다 부르는 이름도 다르다. 프랑스와 이탈리아에서는 카페_{cafe}, 영국과 미국에서는 커피_{coffee}, 러시아에서는 코페_{kophe}, 터키에서는 카붸_{kahve}, 체코슬로바키아에선 카바_{kava}라고 한다. 커피는 아랍 사람들이 처음 마시기 시작했으며, 이슬람 세계에서 유럽으로 퍼져나갔다. 한때는 커피가 금지 식품이었다. 신경을 자극한다는 이유로 1511년 이슬람 지도자인 이맘이 커피를 금지시켰다. 하지만 오스만 제국이 들어서면서 폐지되었고 이때부터 커피는 일반 대중에게까지 음용되었다.

컬처culture는 라틴어 'cultura경작'에서 유래한 말이다. 16세
기에 들어와 'culture'는 동식물을 사육하고 재배한다는 의
미에서 벗어나 '교양'이나 '문화'를 나타내는 말로 바뀌었다.
'culture'는 의미가 복잡한 영어 단어 가운데 하나로 교양이나
문화를 일컫는 말과 더불어 지적, 예술적 활동의 결과물을 나
타내기도 한다. 한편 인류학자 에드워드 버넷 타일러는 문화
를 지식, 신앙, 예술, 도덕, 법률, 관습 등 인간이 사회 구성원
으로서 얻은 능력이나 습관의 총체라고 말했다. 문화에 차별
을 두는 그릇된 인식이 사회문제로 드러나기도 하는데 다문
화 가정에 대한 사람들의 차별적 시선이 대표적이다. 문화는
사회 구성원으로 얻은 능력이나 습관의 총체일 뿐 그 사람의
피부색이나 인종과는 아무 관련이 없다.

컴퓨터
computer

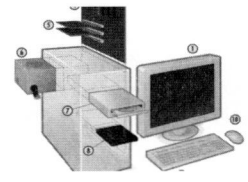

컴퓨터computer는 라틴어 'com 함께'과 'putus생각하다'가 결합한 'computare'에서 유래했다. '생각을 정리하여 계산하다'는 뜻이다.

기계식 계산기는 1623년 독일의 학자 빌헬름 시카르트가 처음 만들었다. 이 기계는 덧셈과 뺄셈을 수행할 수 있었다. 자동적으로 계산하는 기계를 최초로 만든 사람은 영국 수학자 찰스 배비지다. 그는 1822년 함수를 계산할 수 있는 차분기관을 설계했다. 찰스 배비지가 만든 이 기계가 컴퓨터의 효시로 알려져 있다. 우리나라에서 처음 컴퓨터를 사용한 곳은 1967년 IBM 1401을 도입한 경제기획원이다. 이 컴퓨터는 인구조사를 목적으로 사용되었다. 오늘날 컴퓨터를 의미하는 PC는 'Personal Computer'의 약자로 가정이나 사무실에서 쓰는 개인용 컴퓨터를 말한다. 최초의 개인용 컴퓨터는 MITs 사에서 만든 'altair 8800'이며 널리 쓰이기 시작한 것은 1981년 IBM 사의 'IBM 5150'이 나오고부터다.

케이크cake는 중세 영어로 '얇게 구운 반죽 덩어리'를 뜻한다. 〈옥스퍼드 영어사전〉에 따르면 고대 노르웨이어 'kaka'에서 유래되었다고  한다. 케이크의 기원은 신석기 시대까지 올라가며 최초의 케이크는 지금 우리가 아는 촉촉한 크림 케이크가 아니라 단맛이 나는 빵에 가까웠다. 오늘날 우리가 먹는 스펀지형 케이크는 르네상스 시기 스페인에서 유래한 것으로 알려져 있다. 우리나라에 처음 빵의 개념이 소개된 것은 일제 강점기였다. 일본의 빵 제조업체들이 우리나라에 들어와 빵을 만들어 팔았다. 이후 1970년대 분식 장려정책으로 빵의 소비가 급속도로 증가했다. 케이크의 제조 방법은 나라마다 다르다. 미국은 3가지, 영국은 2가지, 프랑스는 무려 8가지의 반죽 제조법이 있다. 하지만 어떤 방법을 쓰더라도 박력분은 필수적으로 포함된다. 박력분은 케이크가 부드러운 질감을 갖도록 한다.

코로나 바이러스
corona virus

코로나corona는 라틴어로 '작은 왕관'이라는 뜻이다. 코로나바이러스의 이름도 여기서 유래했다. 바이러스 모양이 왕관과 닮았다고 하여 붙여진 이름이다. 코로나바이러스는 코로나바이러스과에 속하는 RNA 바이러스의 총칭이다. 사람과 동물의 호흡기와 소화기계통에 감염을 일으킨다. 가장 치명적인 감염병을 일으킨 '사스'와 '메르스' 그리고 '코로나바이러스감염증-19covid-19'이 모두 코로나바이러스의 한 종류이다. 특히 코로나바이러스감염증-19는 2019년 11월 중국 후베이성 우한시에서 발병하여 2021년까지 전 세계인을 공포로 몰아넣고 있다. 증상으로는 발열, 기침, 두통, 피로감, 호흡 곤란, 후각과 미각 상실 등이 있다. 더욱 무서운 점은 감염자 가운데 1/3은 무증상 감염자라는 사실이다. 무서운 전염력과 높은 치사율, 그리고 변이 바이러스의 등장으로 학자들은 인류 역사상 최악의 전염병으로 기록될 것이라고 입을 모으고 있다.

코미디
comedy

코미디Comedy의 어원은 고대 그리스어로 '축제'를 뜻하는 '코무스comus'와 '노래'를 뜻하는 '오이데oide'의 합성어 코모이데comoide이다. 이것이 프랑스어 꼬모디에comodie와 영어 코미디comedy로 변화했다. 고대 그리스에서는 신에게 드리는 제사 때 벌인 축제의 일부로 익살과 해학을 곁들인 노래를 불렀다. 이것이 희극의 시초이다. 단테가 쓴 신곡의 원어 제목은 〈La divina commedia〉이다. 여기에도 코미디라는 단어가 들어가는 데 그 이유는 행복한 결말로 끝나기 때문이다. 이처럼 중세에는 코미디를 행복하게 끝나는 이야기로 해석했다. 오늘날 코미디는 웃기기 위해 만든 유머에 중점을 둔다. 한국에서는 코미디라는 말 대신 '개그gag'라는 말을 더 많이 쓰는데 코미디언 '전유성'이 이 단어를 정착시킨 것으로 알려져 있다.

코스모스
cosmos

코스모스cosmos의 어원은 그리스어 'kosmos'이다. 'kosmos'는 '조화로운 상태'를 의미한다. 이 말을 처음 쓴 사람은 피타고라스이다. 그는 사회와 법, 사람과 사물 모두가 조화로운 상태를 'kosmos'라고 표현했다. 코스모스의 반대말은 '카오스chaos, 혼돈'이다. 화장을 뜻하는 '코스메틱cosmetic의 어원도 'kosmos'이다. 그리스 철학자들은 질서와 조화로운 관념상의 우주를 상정해 두었는데 현대의 우주와는 다소 다른 개념이었다. 이 우주는 마음속 우주 즉, 소우주였다. 어쨌든 이러한 소우주 개념을 확장한 것이 지금의 우주관cosmos이다. 〈코스모스〉는 세계적으로 유명한 천문학자 칼 세이건이 쓴 베스트셀러의 제목이기도 하다. 〈코스모스〉는 1980년 첫 출간 이후 지금까지 꾸준히 팔리는 과학 대중서로 천문학의 대중화에 크게 기여했다. 이 책은 딱딱한 과학을 감성적인 서사로 풀어낸 과학 교양서이다. 140억 년의 우주 역사를 알기 쉽게 풀이해 놓았다. 동명의 다큐멘터리가 존재한다.

코치
coach

코치Coach는 네 마리의 말이 끄는 초호화판 마차를 가리키는 말이다. 이 마차는 1500년대 헝가리의 도시 '코치kocsi'에서 만들어 사용하였다. 이 마차의 이름이 코치kocsi 또는 코트드지kotdzi였다. 마차는 말 그대로 손님을 목적지까지 안내하는 역할을 한다. 한편 말을 훈련시키고 그 말을 능수능란하게 모는 사람을 코치라 불렀다. 여기서 오늘날 운동선수를 가르치는 안내하는 사람을 뜻하는 코치Coach가 파생되었다. 우리나라는 스포츠 분야에서만큼은 코치라는 말보다 '감독監督'이라는 말을 더 많이 쓴다. 총괄하여 책임지는 사람을 의미한다. 우리나라는 종목에 상관없이 모두 감독이라고 부르지만 외국은 다르다. 외국에서는 축구 감독을 헤드코치head coach라고 부르며, 야구 감독을 매니저Manager라고 부른다. 코치는 최고의 찬사와 최악의 비판 모두를 감수하는 직업이다. 최고의 프로 축구 감독 조세 무리뉴는 "세상에서 가장 멋진 직업이다."라는 말을 남기기도 했다.

콘도
condo

콘도Condo는 라틴어로 '함께'라는 뜻의 '콘con'과 '주인'이라는 뜻의 '도미누스dominus'가 합쳐진 말인 콘도미누스condominus에서 유래했다. '함께 통치한다'라는 의미가 담긴 말이다. 이 말이 프랑스로 건너가 '콘도미니엄condominium'이 되었고 이 말의 준말로서 '콘도'라는 말이 파생되었다. 함께 통치한다는 뜻의 단어가 오늘날의 숙박시설로 변한 것은 1957년 스페인에서 호텔에 개인 소유의 개념을 도입하면서부터이다. 이것이 미국으로 넘어가 임대용 숙박시설로 발전했다. 우리나라는 1980년대 한국 콘도미니엄 회사가 설악산에 콘도를 건설한 것이 시초이다. 법령에 따르면 숙박과 취사가 가능한 주거시설을 제공하는 것을 말한다. 호텔 등 다른 숙박시설과 가장 큰 차이는 취사시설의 유무이다.

콘돔condom은 17세기 영국 찰스 2
세의 주치의였다. 그는 여성편력
이 심한 찰스 2세를 위해 성병인
매독에 걸리지 않는 방법을 연구

했고 양의 맹장을 사용하는 법을 고안했다. 아시아에서는 15
세기 이전부터 콘돔과 유사한 도구를 썼다는 기록이 있다. 오
늘날 '콘돔'은 성병 예방과 함께 피임 도구로 널리 쓰인다. 콘
돔에 관한 기록이 처음 등장한 것은 16세기이다. 이탈리아 출
신의 해부학 교수 가브리엘 팔로피오는 매독의 위험성에 관
한 기록을 남겼으며 예방법으로 콘돔을 사용해야 한다고 주
장했다. 콘돔이 피임도구로 쓰였다고 처음 주장한 사람은 가
톨릭 신자였던 레오나르두스 레시우스였다. 그는 1605년 〈정
의와 법에 관하여〉라는 신학서를 남겼는데 이 책에서 그는
출산율이 줄어드는 원인을 '콘돔'때문이라고 밝혔다. 바람둥
이의 대명사 카사노바 역시 콘돔과 비슷한 것을 만들어 사용
했다고 전해진다.

콤플렉스
complex

292

콤플렉스Complex의 어원은 라틴어 '콤플렉수스Complexus'이다. 이 말은 '함께 짜여진 것'이라는 뜻이다. 오늘날 콤플렉스는 정신분석학 용어의 하나로 쓰인다. 사람의 마음속 서로 다른 구조를 가진 힘의 존재를 의미한다. 함께 짜여진 구조 속에 있지만 서로 다르게 행동하는 것을 말한다. 프로이트와 함께 정신분석학의 장을 연 브로이어Breuer는 콤플렉스를 '어떤 개념의 복합체'로 보았고, 분석심리학의 창시자인 칼 융Carl Jung은 콤플렉스를 '감정적으로 강조된 심리적 내용 또는 그 내용을 중심으로 한 심리적 요소의 일정한 집합'이라고 정의하였다. 칼 융은 콤플렉스를 대중화시킨 장본인이다. 사람이라면 누구나 콤플렉스를 가지고 있다. 콤플렉스는 상황을 객관적으로 바라보기보다는 왜곡하여 바라보는 심리이다. 열등감과 동의어로 보는 사람이 많은데 그보다는 더 상위의 개념이다. 이는 콤플렉스를 '열등 콤플렉스'라는 좁은 의미로 받아들인 일본의 영향이다.

콩트 Conte 는 그리스어 '콘테르 Conter'에서 유래한 프랑스어로 '이야기하다', '일러주다'라는 뜻이다. 원래는 길이와 관계없이 운문으로 쓴 이야기를 가리켰다. 하지만 오늘날 콩트는 200자 원고지 5장 분량에 해당하는 짧은 이야기만을 의미한다. 〈신백편〉, 〈7일 이야기〉와 같은 짧은 풍자 이야기가 그 시초이다. 프랑스의 모파상이 이 형식을 즐겨 쓴 것으로 유명하다. 발자크와 플로베르 역시 각각 〈재미있는 이야기〉와 〈3개의 이야기〉라는 콩트 글을 남겼다. 우리말로는 '손바닥 소설' 또는 '장편掌篇'으로 번역하지만, 그냥 콩트라는 말을 더 많이 쓴다. 그리고 '꽁트'라 표기하는 사람도 있는데 국어 음운 법상 '콩트'로 표현하는 것이 옳다.

쿠데타
coup d'etat

쿠데타Coup d'etat의 어원은 프랑스어 '꾸데따Coup d'etat'이다. '국가에 대한 일격'이라는 뜻이 담겨 있다. 비슷한 개념으로 '혁명'이 있다. 하지만 이 두 개념은 엄연히 다르다. 쿠데타는 피지배계급의 반란인 혁명과 달리 일부 지배세력의 정권 장악 시도를 의미하며, 민중의 지지기반을 업은 혁명과 달리 민중의 지지가 전혀 없다는 점에서 큰 차이를 보인다. 그렇기 때문에 쿠데타는 은밀하게 계획되어 기습적으로 감행되는 것이 보통이다. 대표적인 쿠데타는 1799년 11월 9일 벌어졌던 보나파르트 나폴레옹의 쿠데타와 1851년 의회를 무산시킨 루이 나폴레옹의 쿠데타가 있다. 쿠데타가 자주 발생하는 지역은 아프리카이다. 우리나라 역시 1961년 5월 16일 이승만 정권의 부정부패 척결을 기치로 내세워 군부세력이 주도한 일명 5.16 쿠데타가 발생하였다. 당사자들은 혁명이라고 주장했지만 개념상 혁명이 될 여지는 없다.

큐피드cupid는 로마신화에 나오는 사랑의 신이다. 그리스 신화의 '에로스eros'에 해당한다. 'cupid'는 라틴어 'cupido열정적인 욕망'에서 유래  했다. 큐피드는 날개 달린 어린아이로 활과 화살을 지니고 다닌다. 큐피드의 화살에 맞은 사람은 사랑에 빠지게 된다. 오늘날 '애로'라는 말은 퇴폐적인 이미지를 함축하고 있다. 하지만 에로스는 불결한 성애의 의미가 아니라 생명력, 즉 출산을 의미한다. 성애가 없으면 남녀 간의 화합도, 생명의 탄생도 있을 수 없다. 따라서 성애는 추하고 더러운 것이 아니라 성스럽고 존귀한 것이다. 에로스육체적 사랑의 반대 개념으로 아가페정신적 사랑가 있다. 사람들은 에로스와 비교하며 아가페를 순결하고 깨끗하다고 생각한다. 하지만 정신적인 사랑 못지않게 유체적인 사랑도 중요하므로 어떤 사랑이 우위에 있다고 바라보는 시각은 잘못된 것이다. 헤시오도스는 에로스를 타나토스죽음와 반대의 개념인 혼돈에서 질서를 부여하는 삶의 개념으로 보았다.

296 클론
clone

클론clone은 '유전적으로 동일한 세포군 또는 개체군'을 뜻하는 생명과학 용어이다. 생물학에서 클로닝cloning은 DNA를 복제하는 과정을 의미한다. 오랜 옛날 원예학에서 클론 기술을 이용하기 시작했다. 클론이라는 단어 자체가 그리스어 'klon'에서 왔는데 '나뭇가지'를 뜻한다. 우리가 먹는 과일과 채소들 가운데 많은 것들이 클론이라는 과정을 통해 만들어졌다. 복제하면 쉽게 떠오르는 이미지는 '복제인간'이다. '살아 있는 생물을 복제하는 것이 가능한가?'는 현대 과학의 중요한 주제 가운데 하나이다. 생명체 복제 방법은 체세포에서 핵을 추출하여 비슷한 종의 자궁에서 추출한 수정란의 핵과 바꾸는 것이다. 하지만 이 방식은 윤리적 문제를 피할 수 없다. 최초의 체세포 복제 생물은 복제 양 '돌리'이다. 지금은 줄기세포를 이용한 복제 연구가 활발히 진행되고 있다.

타바코
tobacco

타바코Tobacco의 유래는 여러 설이
존재한다. 서인도제도 트리니다
드 북동부에 있는 섬 이름 '타바고
Tabago'에서 유래했다는 설이 있고,

쿠바 원주민들이 흡연에 사용하는 담뱃대를 '토바코tobacco'라
고 부른 데서 유래했다는 설이 있다. 하지만 남아프리카 카
리브 제도의 아라와크Arawak 족이 쓰던 말을 그대로 가져왔다
는 설이 유력하다. 우리나라는 포르투갈과 무역을 하던 일본
을 통해 들어왔으며 일본식 발음 타바코를 음차 해 '담바고'라
고 불렀다. 담배의 역사는 9세기 중앙아메리카로 거슬러 올라
간다. 마야인과 아즈텍인들은 종교행사 때 담배를 피웠다고
알려져 있다. 콜럼버스가 아메리카 대륙에 도착한 후 담배는
스페인으로 전해졌고, 스페인을 통해 전 유럽으로 퍼져나갔
다. 아시아는 필리핀 상인들에 의해 처음 전해졌다. 우리나라
는 임진왜란 때 고추 호박 등과 함께 일본으로부터 전해졌다.

타블로이드
tabloid

타블로이드Tabloid는 1880년 런던의 한 제약회사에서 만든 알약의 이름이다. 이 약은 정제tablet형 알약이었는데 정제란 압축하여 만든 고형의 약을 말한다. 여기서 압축하여 짧게 만든 신문이라는 뜻의 타블로이드가 파생되어 나왔다. 'oid'는 명사형 접미사이다. 오늘날 타블로이드는 표준 크기의 1/2 정도 되는 신문을 말한다. 최초의 타블로이드 신문은 1896년 발행한 〈데일리 메일〉이다. 타블로이드 언론을 황색언론이라고 부르기도 한다. 황색언론이란 매출에 중점을 둔 언론으로 확인되지 않은 흥미 위주의 '지라시' 기사를 가져다 쓰는 언론의 한 형태이다. 우리에게 익숙한 교차로나 벼룩시장, 그리고 한때 유행했던 지하철 무가지인 메트로와 포커스가 대표적인 타블로이드형 신문이다.

택시Taxi는 '세금'을 뜻하는 텍스 tax에서 유래했다. 원래 뜻은 '지불 받는 돈'이다. 택시에는 택시요금 을 계산해 주는 기계가 있었는데  이 기계를 '택시미터taximeter'라고 불렀다. 이 택시미터의 어 원은 라틴어로 세금요금을 뜻하는 'tax'와 거리 단위인 'meter' 가 결합된 말이다. 결국, 거리별 요금을 받도록 만든 기계의 줄임말이 바로 택시인 것이다. 현대 택시의 원형은 19세기 프 랑스에서 시작한 캐브리얼레이cabriolet이다. 1필의 말이 끄는 이륜마차를 뜻한다. 이 마차는 돈을 받고 빌려주는 전세 개 념의 마차였다. 현대식 택시의 시초는 1890년대 유럽과 미 국 도시에 설치된 전동차이다. 우리나라는 1912년 4월 '이봉 래'라는 사람이 승용차 2대를 들여와 서울에서 택시사업을 한 것이 시초이다.

탤런트
talent

탤런트Talent의 어원은 '달란트talent'이다. 달란트는 고대 그리스의 화폐 단위였던 '탈란톤talanton'에서 온 말이다. 이 단어가 오늘날 '재능'이라는 뜻으로 바뀌어 탤런트가 되었다. 성경의 마태복음에는 예수가 세 명의 종에게 각각의 능력대로 달란트를 맡겼다는 이야기가 나온다. 이 비유에서 달란트란 말이 처음으로 '각 사람에게 주어진 재능'을 의미하는 뜻으로 쓰이게 되었다. 오늘날 탤런트는 TV에 출연하여 연기를 하는 사람을 가리킨다. 특히 우리나라는 드라마가 발달한 관계로 드라마에 출연하는 배우를 지칭하는 좁은 의미로 많이 쓰였다. 하지만 탤런트는 코미디나 가수, 아나운서와 같이 방송국에서 자신의 재능을 펼치는 사람 모두를 포함하는 개념이다.

터미네이터
terminator

터미네이터terminator는 라틴어 'terminus'에서 유래한 말로 '끝'이라는 뜻이다. 따라서 터미네이터는 '끝을 내는 사람' 즉 '종결자'를 의미한다. 'terminus'에서 'term'과 'terminal'이 파생되었다. 'term'은 한 학기나 계약 기간처럼 어디서부터 어디까지의 기간을 의미한다. 'terminal'은 종점이나 말단을 뜻한다. 보통 터미널은 버스나 기차와 같은 이동 수단을 이용하는 장소를 말한다. '터미네이터'는 제임스 카메론 감독이 만든 SF 영화 시리즈의 제목이기도 하다. 아널드 슈워제네거의 출세작인 터미네이터는 미래에서 온 안드로이드T-800의 이야기를 다룬 작품이다. 기계들은 인간 저항세력 지도자의 존재 자체를 없애려고 종결자인 아널드 슈워제네거T-800를 과거로 보낸다. 하지만 T-800은 임무에 실패하고 결국 저항군을 이끌 아이는 사라 코너라는 여성의 배에서 생명의 씨앗으로 잉태된다.

터부
taboo

302

터부Taboo는 폴리네시아어 타부(tabu)에서 유래했다. '금기禁忌된'이라는 뜻이다. 터부는 사회적 관습이나 민간신앙에 반하는 행위를 일체 금하는 것을 말한다. 1771년 통가 섬을 방문한 제임스 쿡 선장에 의해 널리 알려졌다. 남태평양 폴리네시아 사회에서 가장 두드러지게 나타나고, 세계 모든 문화권에서 나타난다. 임신 중인 여자가 특정 음식을 먹지 않는 것, 특정 지역을 거닐거나 여행하지 말아야 하는 것, 특정 동물을 사냥하지 않는 것과 같이 출생과 죽음, 결혼에 관한 것들이 많다. 지크문트 프로이트 역시 터부에 관심이 많았다. 프로이트는 〈토템과 터부〉라는 책을 펴내기도 했다. 이 책에서 그는 무의식중에 금지된 행동을 갈망하는 것이 인간이라고 강조하면서 터부는 사회를 바라보는 인간의 이중적인 태도의 한 특징이라고 설명한다.

테니스tennis의 어원은 프랑스어 'tenetz'이다. 'tenetz'는 '받다, 잡다' 라는 뜻이다. 중세 시대 수도사들 이 털이나 천을 둥글게 말아서 만  든 공을 던지고 받으며 즐겼던 경기에서 유래했다. 이때 공을 던지는 사람이 '뜨네tenetz'라고 외쳤는데 이 말이 지금의 테니 스가 되었다. 16세기 말에는 프랑스 파리에 250개에 달하는 경기장이 있었다. 현대식 테니스 시합의 시초는 19세기 후반 잉글랜드 버밍햄의 크로케 구장에서 열린 '론 테니스' 대회이 며, 코트와 네트 등 테니스를 체계화 한 사람은 웨일스 출신 의 군인 월터 윙필드 장군이다. 테니스는 역사가 깊은 만큼 1 회 올림픽부터 채택되었다. 하지만 당시만 해도 테니스는 고 급 스포츠였기 때문에 올림픽 정신과 맞지 않았다. 그래서 1924년 파리 올림픽을 마지막으로 올림픽 종목에서 제외되 었다. 이후 1988년 서울 올림픽부터 다시 채택되어 지금까지 오고 있다.

텔레비전
television

텔레비전Television은 그리스어로 '먼 거리'를 뜻하는 '텔레tele'와 라틴어로 '보는 것'이라는 뜻을 지닌 '비시오visio'가 합쳐진 말이다. 한마디로 멀리에서 보는 것이 바로 텔레비전이다. 줄여서 TV라고 많이 쓴다. 1880년대에 여러 주사법이 개발되었고 k.f 브라운에 의해 음극선관브라운관이 개발되면서 텔레비전 탄생의 밑거름이 되었다. 마침내 1920년 후반 처음으로 텔레비전이 등장했다. 처음에는 흑백으로 영상을 송출했다. 그러다가 존 로지 베어드John Logie Baird에 의해 삼색의 컬로 방송이 시험 송출되었고 1938년 정식으로 컬러텔레비전 방송을 송출하였다. 하지만 본격적인 컬러 방송은 1950년 미국 CBS 방송국에서 선보인 것을 최초로 보고 있다. 우리나라는 1950년대 초 흑백텔레비전을 최초 수입했다. 이후 1956년 5월 대한방송이 시작되면서 TV 시대가 열렸다. 우리나라에서 만든 최초의 TV 수상기는 LG당시에는 금성에서 만든 VD-191이라는 모델이다.

텔레파시
telepathy

텔레파시Telepathy는 '먼 거리'를 뜻하는 '텔레tele'와 느낌'이라는 뜻의 '파테pathe'를 합쳐서 만든 말로 '멀리에서 느낀다'라는 뜻을 가지고 있다. 다른 말로 '정신감응'이라고도 부른다. 서로 멀리 떨어져 있는 상태에서 말이나 행동을 하지 않고도 서로의 생각을 전달하는 것을 말한다. 비과학적인 현상으로 초능력이나 심령 현상의 하나이다. 텔레파시라는 말을 처음 사용한 사람은 심리학자 프레데릭 마이어스Frederick Myers 교수이며, 텔레파시에 대한 학문적인 관심은 18세기 말 유럽을 휩쓴 메스머니즘mesmerism, 즉 최면술에서 비롯되었다. 텔레파시의 초월적 이미지 덕분에 염동력이나 순간 이동과 함께 대중매체의 단골 소재로 자주 사용된다. 스타워즈 시리즈에 나오는 '포스'라는 힘이 대표적이다.

템포
tempo

템포Tempo는 라틴어 템포스tempos에서 유래했다. '퍼진다', '확대된다'라는 뜻이다. 오늘날 템포는 곡의 빠르기를 의미한다. 처음에는 '시간'을 가리키는 말로 쓰였다. 템포가 본격적인 음악 용어로 사용되기 시작한 것은 17세기 이후부터이다. 음악에서 곡의 빠르기를 나타내는 템포는 여러 종류로 나뉘는데 다음과 같다. Presto매우 빠르게, Allegro빠르게, Moderato보통 빠르게, Andante느리게, Adagio매우 느리게. 초기의 템포는 인간의 맥박수나 걸음걸이 수를 기준으로 했다. 하지만 1812년 니콜라우스 빈켈Nikolaus Winkel이 메트로놈metronome이라는 기계를 발명하면서 본격화되었고 베토벤은 이 메트로놈 기계를 템포의 기준으로 삼았다.

트로이카troika는 러시아어로 '3'이라는 뜻이다. 세 마리 말이 이끄는 마차를 의미하기도 한다. 트로이카삼두마차는 겨울철 러시아의 주요 교통수단이었으며 오늘날 러시아의 전통적인 상징물 가운데 하나이다. 최근 러시아에서는 트로이카 체험을 관광 상품으로 활용하고 있다. 3인 1조로 추는 러시아 전통 춤 역시 트로이카라고 부른다. 추운 겨울을 이겨내기 위해 추는 춤이다. 우리나라에서는 뛰어난 세 사람을 일컫는 말로 쓰인다. 70년대 뛰어난 활약을 펼친 여배우 장미희, 정윤희, 유지인을 트로이카 3인방이라고 부르면서 시작되었다. 트로이카로 유명한 역사적 인물들은 로마시대 삼두정치를 이끌었던 율리우스 카이사르, 폼페이우스, 크라수스가 있다. 하지만 삼두정치는 오래가지 못했고 최종 승자인 율리우스 카이사르마저 비참한 죽음을 맞이했다.

트로피
trophy

트로피Trophy의 어원은 그리스어 '트로파이온tropaion'이다. 아이러니하게도 '패배'를 의미하는 단어이다. '전리품, 노획물'이라는 뜻도 가지고 있다. 고대 그리스에서는 승리자가 패배자의 땅에 승전 기념비를 세우는 전통이 있었는데 이 기념비를 트로피라고 불렀다. 오늘날 트로피는 운동 경기에서 승자에게 주는 우승 기념물을 일컫는 말이다. 또한 영화제나 각종 예술제에서 수여하는 기념물 역시 트로피라고 부른다. 대표적인 트로피로는 국제 축구연맹FIFA에서 수여하는 월드컵 우승컵이 있다. 초대 우승컵을 '줄리메 컵'이라고 불렀는데 여기서 줄리메는 월드컵 창시자 줄리스 리메Jules Rimet에서 따왔다. 이 줄리메 컵은 우승국이 4년 동안 보관하도록 되어 있었는데 잦은 도난 사고로 골머리를 앓았다. 이후 1974년부터는 FIFA 컵으로 바뀌었다. 세계에서 가장 유명한 영화 시상식인 아카데미 시상식에서 수여하는 오스카 트로피 역시 유명하다.

팁Tip의 어원은 두 가지이다. 하나는 영어 'To insure promptness신속성을 확보하기 위한 것'의 축약어라는 설이고 다른 하나는 '선물'을 뜻하는 라틴어 스트립스strips에서 유래했다는 설이다. 팁은 신속성에 대한 보답이라기보다는 작은 선물이라는 의미가 더 강하다. 따라서 두 가지 설 가운데 라틴어 스트립스에서 유래했다는 설이 좀 더 설득력이 있다. 팁의 순화어는 '봉사료'이다. 하지만 봉사료보다는 아직도 팁이라는 말을 더 많이 쓴다. 팁의 유래 가운데 하나로 18세기 영국의 한 술집이 거론되기도 한다. 술집에는 'to insure promptness'라는 문구가 새겨져 있었다고 한다. '좋은 서비스를 원한다면 돈을 더 내라'는 뜻으로 앞 글자만 합치면 'tip'이 된다. 우리나라를 비롯한 일부 아시아에는 팁 문화가 없다. 이 때문에 여행지에서 가벼운 실랑이가 벌어지기도 한다.

파노라마
panorama

파노라마Panorama는 그리스어로 '모든'을 뜻하는 '판pan'과 '시야'를 뜻하는 '오라마horama'가 합쳐져서 만들어진 말로 좋은 전망이라는 뜻이다. 오늘날 파노라마는 360도 모든 방향에서 경치를 담는 기법을 말한다. 파노라마의 기원은 과거 유럽에서 둥근 모양의 건물 안 벽에 4차원의 풍경화를 그려 넣어 입체감을 부여한 것이 시작이다. 파노라마라는 말을 처음 쓴 사람은 영국의 미술가 로버트 바커Robert Barker이다. 그는 자신의 그림에 대한 설명으로 파노라마라는 말을 사용했다. 그는 원통형 구조물 위에 전경을 묘사한 작품을 남겼다. 입체감을 주는 파노라마 기법은 오늘날 그림뿐만 아니라 사진이나 영화 등에서도 많이 사용되고 있다.

파라다이스
paradise

파라다이스paradise의 어원은 고대 페르시아어 'pairdaeza'이다. 'pairi에워싸다'와 'daeza세우다, 담장'의 합성어로 '담으로 둘러싸인 마당'을 뜻한다. 그리스 사람들은 파라다이스를 '페르시아 왕의 정원'이라고 해석했다. 기독교에서는 아담과 이브가 살던 에덴동산과 같은 낙원이나 죽은 사람이 가는 '천국'을 파라다이스라고 부른다. 동양에서는 중국 동진 사람 도원명이 쓴 〈도화원기〉에 나오는 '무릉도원이상향'이 파라다이스와 가깝다. 파라다이스의 모습은 민족과 나라마다 조금씩 차이가 있다. 하지만 잘 익은 과일과 아름다운 산과 나무, 그리고 맑은 물만큼은 반드시 등장한다. 파라다이스는 사람이면 누구나 바라는 이상적인 세계인만큼 영화, 소설, 음악, 게임과 같은 대중매체의 단골 소재로 끊임없이 소비되고 있다.

312 파라솔
parasol

파라솔Parasol은 라틴어로 '막다'라는 뜻의 파라para와 '태양'을 뜻하는 솔라solar가 합쳐진 말이다. '태양빛을 막는다'라는 뜻이다. 이 말이 프랑스로 건너와 파라솔라parasolar가 되었고 줄임말인 파라솔이 파생되었다. 우리말로는 양산陽傘이라고 부른다. 한자에서 알 수 있듯이 서양 우산이 아니라 '햇빛을 가리는 우산'이라는 뜻이다. 비를 막을 때 쓰는 우산과 모양이 똑같기 때문에 겉모양으로 구별하기 어렵다. 오늘날 서양에서는 잘 쓰지 않는다. 참고로 중국에서 접을 수 있는 산傘에 대한 기록으로 가장 오래된 것은 전한 시대의 관료이자 신나라 황제였던 왕망이 타던 의식용 마차에 관한 기록이다. 이 기록에는 마차의 한 부분으로 접었다 폈다 할 수 있는 산의 설계도가 나온다. 고대 이집트와 그리스에서도 파라솔을 즐겨 사용했다고 알려져 있다.

파르페parfait의 어원은 철자가 같은 프랑스어 'parfait'이다. 뜻은 '완전한'이다. 오늘날 파르페는 컵에 담은 아이스크림 위에 과일이나 견과류, 과자 등을 올려 먹는 미국식 아이스크림 디저트선디를 말한다. 원래 파르페는 프랑스에서 처음 만들었다. 1894년 프랑스에서 처음 만들어진 파르페는 지금과는 달리 달걀 노른자에 설탕 시럽을 섞고 생크림을 넣어 굳힌 아이스크림이었다. 파르페에 들어가는 재료는 나라마다 다르다. 아이스크림이 아닌 해산물이나 푸아그라와 같은 재료로 파르페를 만들기도 한다. 일본에서 특히 파르페의 인기가 높다. 일본 파르페는 미국식 파르페로 녹차, 딸기, 초콜릿 맛 아이스크림에 화과자, 떡, 쿠키, 견과류와 곡물 등 다양한 토핑을 추가해 먹는다. 심지어 6월 28일을 파르페의 날로 정하기까지 했다.

파마
perma

파마Perma는 영어 '퍼머넌트 웨이
브permanent wave'의 줄임말이다. '영
구적인 물결 모양'이라는 뜻이다.
엄밀히 말해 파마는 '펌perm'의 한
국식 표현이다. 요즘은 우리나라도 파마보다 '펌'을 더 많이
쓴다. 고대 이집트에서는 나일강 유역의 진흙을 머리에 발
라 나무막대로 감아 놓았다는 기록이 있다. 이것이 오늘날 파
마의 시초로 보고 있다. 1872년 열을 이용한 실용적인 파마
를 최초로 만든 사람은 프랑스 파리의 이발사 마르셀 그라토
Marcel Grateau이다. 전기나 스팀의 열을 이용하지 않고 클립 위
에서 직접 열을 가하는 방식인 '와이어리스 웨이브 법'과 같은
여러 파마 기술이 발달함에 따라 대중적으로 널리 퍼져 나갔
다. 파마 도구 가운데 가장 많이 쓰이는 것은 고데기이다. 고
데기는 일본식 표현이고 정식 영어로는 헤어 아이언hair iron이
라고 부른다. 고데기는 머리카락을 펴거나 웨이브를 줄 때 사
용하는 도구이다.

파스텔Pastel은 그리스어로 '반죽하다', '개다'라는 뜻이다. 안료에 석고 또는 백점토를 섞어 반죽한 것을 성형 건조시켜 만든 막대 모양의 그림 분필을 말한다. 산뜻하고 밝은 색을 띠는 성질 때문에 미술 분야파스텔화에서 자주 사용하는 도구이다. 파스텔은 16세기 이탈리아 북부에서 처음 사용하였다. 파스텔화는 18세기부터 널리 그려지기 시작했다. 이 당시 파스텔화를 그린 작가는 이탈리아의 로살바 카리에라Rosalba Carriera와 프랑스의 장 바티스트 샤르댕Jean baptiste chardin이 있다. 19세기 프랑스에서 활약한 드가Degas와 르누아르Renoir도 파스텔화를 그린 대표적인 인물이다. 파스텔의 종이로는 켄트지처럼 반들반들한 재질의 종이보다 표면에 결이나 있는 특수한 종이가 사용된다. 파스텔의 은은한 색감 때문에 인형이나 사람의 볼 터치를 위한 화장품으로 사용되기도 한다. 하지만 내구성이 떨어져 훼손되기 쉽고 시간이 지나면 색이 변한다는 단점이 있다.

파자마
pajamas

파자마Pajamas는 페르시아어로 '다리'를 뜻하는 '파이pai'와 '옷'을 뜻하는 '자마jama'가 합쳐진 말이다. '다리를 감싸는 옷'이라는 뜻이다. 오늘날 파자마는 잠옷을 일컫는다. 이란과 인도인들의 평상복이 유럽으로 건너와 잘 때 입는 옷이 되었다. 이 옷은 허리에서 무릎까지 풍성한 주름이 잡힌 바지로 편하고 활동성이 뛰어나다는 특징을 가지고 있었다. 인도에서 근무하던 영국인들이 처음 입었다. 옷이 너무 편하다 보니 잘 때만이라도 편한 옷을 입자는 생각이 널리 퍼져 잠옷이 되었다. 파자마가 널리 알려진 계기는 유명한 디자이너 코코 샤넬Coco Chanel에 의해서이다. 코코 샤넬이 활동한 1920~30년대에 파자마는 하나의 패션으로 사랑을 받았다. 참고로 우리나라는 파자마보다 내복을 더 많이 입었다.

파파라치paparazzi는 유명인의 사생활을 찍어 신문사에 파는 프리랜서 사진가를 말한다. 이탈리아 영화감독 페데리코 펠리니가 제작한 영화 〈달콤한 생활〉에 등장하는 카메라맨인 'signor paparazzo'에서 유래했다. 오늘날 파파라치는 영국과 미국에서 기승을 부리고 있다. 가장 대표적인 파파라치 사건은 1997년 8월 31일에 벌어졌던 영국 다이애나 전 왕세자비 사건이다. 프랑스 파리 리츠칼튼 호텔에서 식사를 마치고 돌아가는 다이애나 전 왕세자비를 파파라치들이 오토바이를 타고 추격하기 시작했다. 운전기사는 이들을 피하려고 속도를 높이려다 그만 중심을 잃고 지하차도 기둥에 충돌하고 만다. 사고 직후 다이애나는 살아있었다고 한다. 하지만 파파라치들은 구급차를 부르기는커녕 사진만 찍어댔다. 20분이 지나서야 한 행인이 신고를 했고 구급차가 도착했다. 하지만 그녀는 이미 숨을 거둔 상태였다.

318 · 판다
panda

판다panda는 네팔어로 '대나무를 먹는다'는 뜻이다. 미국식 발음인 '팬더'라고 부르기도 한다. 판다는 중국 쓰촨성 일대와 티베트 고산지대에 서식하는 곰과의 포유동물이다. 지금은 판다하면 자이언트 판다를 의미하지만 원래 판다는 '레서판다'만을 지칭하는 말이었다. 자이언트 판다에게 이름을 빼앗기면서 작은 판다라는 의미의 '레서판다'가 되었다. 두 종은 유전적으로 전혀 다른 동물이다. 판다는 중국에서만 서식하는 동물이다. 그래서 중국은 판다를 국가적으로 관리하고 있다. 중국 이외의 동물원에서 볼 수 있는 판다는 모두 중국에서 대여해 온 판다들이다. 중국은 판다를 팔지 않고 대여해 주는 정책을 펴고 있다. 유지비가 어마어마한 동물로 유명하다. 임대료만 1년에 수십에서 수백만 달러에 달한다. 여기에 중국인 사육사까지 고용해야 한다. 까다로운 식성 때문에 식비도 어마어마하게 많이 든다. 재정이 탄탄하지 않으면 판다를 키울 수 없다.

판탈롱Pantalon는 프랑스어로 '긴 바지'라는 뜻이다. 15세기 이탈리아에서 유행한 희극에 등장하는 인물 판탈레오네 Pantaleone에서 유래했다. 이 인물은 긴 양복바지를 입고 있었다. 이 희극이 유럽 각지에서 공연되는 동안 판탈레오네의 특이한 바지가 관객들에게 강한 인상을 주었고 사람들은 곧 긴 양복바지를 판탈레오네라 부르게 되었다. 18세기 말부터 19세기 사이에 많이 입고 다닌 옷이다. 우리나라에서는 판탈롱을 '나팔바지'라고 불렀다. 나팔바지는 1970년대 엄청나게 유행한 바지 스타일이다. 나팔바지는 종아리까지는 짝 달라붙고 종아리 아래로 펑퍼짐해지는 판탈롱 옷의 특징을 반영한 이름이다. 판탈롱을 영어로 옮긴 것이 판탈룬즈pantaloons이다. 이 단어가 오늘날 바지를 뜻하는 팬츠pants의 어원이다.

팝송
pop song

팝송pop song은 '대중의, 인기 있는'이라는 뜻을 가진 'popular'와 '노래'라는 뜻의 'song'이 결합한 단어이다. 하지만 '팝송'은 콩글리시에 가깝고 원래는 'pop music'이라고 불러야 맞다. 미국의 '대중적인 음악'이라는 뜻이다. 팝 음악으로는 디스코, 락, 댄스, 소울, 펑크, 리듬앤블루스, 힙합 등 매우 다양하다. 팝 음악은 반복적이고 외우기 쉬운 리듬과 가사로 만들어진 음악이어서 누구나 쉽게 배우고 따라 부를 수 있다. 미국 대중음악의 슈퍼스타로는 '엘비스 프레슬리'와 '마이클 잭슨'이 있다. 우리나라는 한국전쟁을 통해 처음으로 팝 음악이 전해졌다. 당시 주한미군은 '가요무대'와 '우정의 무대'를 섞은 듯한 '미 8군 쇼무대'를 진행했는데 이것이 팝 음악이 널리 알려지는 계기가 되었다. 이 당시 메릴린 먼로가 미군 격려 차원에서 우리나라를 방문하기도 했다.

패닉 Panic은 그리스신화에 나오는
반인반수인 신神 '판Pan'으로부터
유래했다. 그는 이상한 모양의 피
리를 가지고 다녔는데 수면을 방

해하거나 싸움이 시작되면 이 피리를 불었고, 피리 소리를
들은 모든 생물은 공포심을 느끼며 쓰러졌다. 이와 같이 판
이 일으키는 공포 행위로부터 영어 패닉panic이 생겨났고, 그
것은 '갑작스런 공포'나 '돌발적인 공황' 또는 '극도의 혼란'을
일컫는 말이 되었다. 현대인들이 많이 앓고 있는 '공황장애
panic disorder'가 바로 여기서 파생된 말이다. 우리나라 인구의
2~3%가 공황장애를 앓고 있는 것으로 나타났다. 공황장애의
증상으로는 호흡곤란, 발작, 두근거림, 떨림과 저림, 가슴 통
증, 비현실감, 땀 흘림 등이 있다. 타인의 반응에 민감하고 감
정 표현이 풍부한 연예인에게서 많이 발병한다고 알려져 있
다. 코미디언 이경규와 정형돈, 그리고 김구라와 김찬우를 비
롯한 많은 연예인이 공황장애에 시달리고 있다.

패러다임
paradigm

패러다임paradigm은 고대 그리스어 'paradeigma사례, 본보기'를 바탕으로 만든 신조어이다. 패러다임은 한 시대의 사회 전체가 공유하는 사고나 인식 체계를 의미하는 것으로 토마스 쿤이 〈과학혁명의 구조〉에서 처음 제기한 말이다. 토마스 쿤은 천동설에서 지동설로 넘어가는 과정을 패러다임 변화의 단적인 예로 제시했다. 토마스 쿤은 이론의 옳고 그름이 아니라 신념과 가치가 변하는 것을 패러다임의 전환이라고 보았다. 그는 과학의 발전은 한 방향으로 누적되어 온 유산이 아니라 시대에 따라 패러다임을 전환시켜 온 것이라는 획기적인 발상으로 과학계를 흔들어 놓았다. 오늘날 패러다임의 전환은 과학뿐만 아니라 사회 전반에 걸쳐 일어나는 혁명적인 변화를 지칭하는 말로 쓰이고 있다.

패러독스
paradox

패러독스Paradox의 어원은 '초월' 또는 '~너머'의 뜻을 지닌 파라para와 '의견' 또는 '견해'의 의미를 지닌 독사doxa가 합쳐진 말인 그리스어 파라독사paradoxa이다. '일반적인 견해나 기대를 초월한다'는 의미이다. 패러독스는 우리말로 '역설逆說'이라고 해석된다. 언뜻 일리가 있는 것처럼 보이지만 모순되고 이치에 맞지 않는 표현을 뜻한다. 불교의 가르침 '색즉시공 공즉시색'이 '있음이 곧 없음이요, 없음이 곧 있음이다'라는 모순적 어법을 통해 진실을 드러내는 경우가 그 좋은 예이다. 유명한 역설로는 '제논의 역설'이 있다. 이 역설은 모든 사물이 움직이고 있다고 느끼는 것은 모두 환상이라고 주장하는 이론이다. 화살을 예로 들면 화살은 날아가는 것처럼 보이지만 자세히 관찰하면 정지해 있는 점의 집합에 지나지 않는다. 결국 화살은 움직이는 것이 아니라 정지해 있는 것이다.

패션
fashion

패션Fashion의 어원은 라틴어 '팍티오factio'이다. '행위' 또는 '만듦새'를 뜻한다. 사전적 의미는 '양식, 방식, 유형, 관습, 유행' 등 다양하다. 원래 패션은 오늘날과 달리 의복에 국한되지 않고 음악, 예술, 정치, 수학과 같은 넓은 분야에서 흔하게 쓰이던 말이다. 하지만 지금은 짧은 기간 유행하는 복식을 뜻하는 말로 축소되었다. 복식의 개념으로 쓰이기 시작한 것은 20세기 들어서부터이다. 19세기까지 옷은 개인 재단사에게 의뢰해 만들어 입었다. 20세기에 들어오면서 거대 자본을 등에 업은 자산가들이 등장했고 이들이 공장을 세우면서 옷의 대량 생산 시대가 찾아왔다. 이때부터 다양한 옷이 생산되었고, 패션이라는 용어가 일상화되었다.

팩스
fax

팩스fax는 '팩시밀리facsimile'의 축약
어이다. 'facsimile'는 라틴어 'fac만
들다'와 'simile비슷하게'가 합쳐진 단
어로 '비슷하게 만들다'라는 뜻이
다. 놀랍게도 팩스는 전화기보다 먼저 발명되었다. 1843년
스코틀랜드의 발명가 '알렉산더 베인'이 처음으로 팩스를 만
들었다. 그는 'electric printing telegraph'라는 이름으로 특허
를 받았다. 현대적 의미의 팩스를 최초로 만든 회사는 제록스
이다. 제록스는 1964년 LDX라는 이름의 팩스를 만들어 상용
화하였다. LDX는 전화로 데이터를 전송한 최초의 팩시밀리
이다. 요즘은 팩스기기 없이도 데이터를 주고받을 수 있는 모
바일 팩스까지 등장했다. 팩스를 가장 많이 쓰는 국가는 일본
이다. 일본은 편의점에서도 팩스 서비스를 이용할 수 있으며
가정에서도 팩스기기를 많이 쓴다.

팬
fan

팬Fan은 라틴어로 '파눔fanum'에서 유래했다. '신전'을 뜻하는 말이다. 원래 신전은 신탁을 얻기 위해 세워진 것이었다. 신들린 사람의 입을 통해 계시를 듣는 형태의 신탁에서 신들린 사람처럼 열광한다는 의미의 라틴어 파나틱fanatic이 생겨났고 여기서 오늘날 누군가를 열성적으로 지지하는 '팬fan'이 파생되었다. 현대 사회에서 열성적인 지지자는 없어서는 안 될 중요한 요소이다. 수많은 자기 계발서에서 제일 중요하게 강조하는 부분이 '나만을 위한 소수의 팬을 만들어라'일 정도로 팬은 상업성을 추구하는 모든 분야에서 가장 중요한 요소로 손꼽힌다. 한국이 배출한 세계적인 그룹 B.T.S방탄소년단도 열성적인 지지자를 보유하고 있다. 이 팬클럽 이름은 방탄소년단이라는 이름에서 유추 가능한 '아미army'이다. 군대라는 뜻이다. 이들은 팬클럽 이상의 의미 있는 활동을 활발히 벌인다. 위안부 할머니 후원과 소아암 재단 기부가 대표적이다.

팬티_{Panti}의 어원은 '팬티즈_{panties}'이다. 원래 여성용 속옷을 이르는 말이었다. 참고로 남성용 삼각팬티는 '브립스_{briefs}'라고 하고 사각팬티는 '박서즈_{boxers}'라고 한다. 오늘날 팬티는 남녀 모두가 입는 속옷을 의미한다. 보통 팬티를 빤스라 발음하기도 하는데 이것은 '반바지'를 일컫는 영어 팬츠_{pants}를 일본에서 '판츠'로 발음한 것이 우리나라로 넘어와 '빤스'가 된 것이다. 90년대 최고의 코미디언 주병진은 속옷 사업에 떠어들어 큰돈을 벌었다. 그는 한 신문사에 충격적인 광고를 내보냈다. 팬티만 입은 자신의 모습을 지면 광고에 실은 것이다. 더구나 다음 광고에서는 팬티마저 벗겠다고 장담했다. 그리고 정말 그렇게 했다. 하지만 나체 사진은 아기의 발가벗은 돌 사진이었다. 모두가 주병진의 아기 때 사진일 거로 생각했지만 이 아기는 주병진이 아니라 직원의 돌 사진이었다고 한다.

퍼센트
percent

퍼센트Percent는 %의 영어식 발음으로 어떤 수를 100의 비율로 나타내는 것을 말한다. 슬래시, 즉 '/'를 '퍼per'라고 읽은 데서 퍼센트라는 말이 생겨났다. 구하는 공식은 다음과 같다. '백분율 = 비율 x 100(%)'. 기호(%) 앞의 수가 100으로 나뉜 것을 의미하므로 50%라고 하면 0.5를 의미한다. 즉, 50/100이라는 뜻이다. 퍼센트를 종종 프로라고 읽기도 한다. '이길 확률은 100프로이다'처럼 말이다. 하지만 이는 일본식 표현을 우리가 따라 한 것이다. 우리나라에는 일본식 발음이나 표현이 상당히 많다. 특히 외래어가 그렇다. 따라서 외래어를 쓸 때 정확한 표현인지 확인하는 습관을 들이는 것이 좋다. 일상생활에서 퍼센트는 '오늘 비올 확률은 60%입니다'처럼 정확한 값을 기대하기 어려울 때 주로 사용한다.

퍼즐_{puzzle}은 고대영어로 '혼란스
러운 상태'를 뜻하는 단어이다. 오
늘날 퍼즐은 어렵거나 깊이 생각
하게 만드는 문제나 장난감을 일

컫는다. 어린아이들의 창의력과 상상력, 그리고 논리력 발달
에 많은 도움을 주는 놀이로 사랑받고 있다. 대표적인 퍼즐게
임으로는 십자말풀이, 직소 퍼즐, 스도쿠, 로직 퍼즐 등이 있
다. 이 중에서 가장 대중적인 게임은 직소 퍼즐이다. 직소 퍼
즐은 여러 가지 모양과 크기로 잘라낸 그림 조각을 잘 짜 맞
추어 원래 그림으로 완성하는 게임이다. 직소 퍼즐의 '직소
jigsaw'는 실톱을 말하는 데 그림을 자를 때 사용한다. 직소 게
임은 1760년 영국의 지도 제작업자인 존 스필스버리가 처음
만든 것으로 알려져 있다. 직소 퍼즐 게임은 난이도가 낮은
수백 개의 조각부터 난이도가 높은 수천, 수만 개의 조각까지
다양하다. 현재 알려져 있는 가장 많은 조각 퍼즐은 40,320개
의 디즈니 퍼즐이다.

페르소나
persona

페르소나persona의 어원은 그리스어 '가면탈'이다. 이후 이탈리아반도에서 로마와 경쟁하며 살던 민족인 에트루리아인의 언어 'phersu사람'와 섞여 'person'의 어원이 되었다. 고대 그리스 가면극에서 쓰고 벗으며 등장인물의 감정을 나타내는 용도로 사용했다. 심리학자 칼 구스타프 융은 페르소나를 무의식의 열등한 인격, 즉 자아의 어두운 면이라고 말했다. 반면에 영화에서 페르소나는 감독과 특별한 관계에 있는 배우를 뜻한다. 예를 들어 〈택시 드라이버〉, 〈성난 황소〉, 〈비열한 거리〉, 〈좋은 친구들〉의 감독 마틴 스코세이지의 페르소나 하면 로버트 드니로를 말한다. 우리나라로 치면 봉준호 감독과 배우 송강호의 관계와 비슷하다. 홍콩 영화에는 오우삼 감독과 주윤발이 페르소나 관계이다. 한마디로 배우가 감독의 분신과 같다는 의미이다.

페이퍼paper의 어원은 아랍어
'papyrus파피루스'이다. 파피루스는
종이가 발명되기 이전 인류가 썼
던 식물의 이름이다. 파피루스는
이집트 나일강 유역에서 많이 자라는 식물이다. 이집트인들
은 아주 오래전부터 파피루스 식물의 줄기를 얇게 발라내어
종이로 사용했다. 파피루스는 이집트 제5왕조 시대부터 약
3000년 이상 종이 대신 쓰였다. 파피루스를 파는 상인은 엄
청난 돈을 벌었다고 알려져 있다. 어떤 상인은 파피루스를 판
돈으로 집에 거대한 도서관을 지었다고 한다. 지금 우리가 쓰
는 종이의 원형은 2세기 초 중국에서 만들어졌다. 후한 시대
의 채륜은 종이 제작법을 남기기도 했다. 종이 제작 기술은
이슬람 문화권을 거쳐 유럽으로 전해졌다. 1282년 이슬람 사
람들은 스페인의 아라곤 왕국에 제지 공장을 만들기도 했다.

펜싱
fancing

펜싱fancing은 '검술'이라는 뜻이다. 지금은 스포츠로 굳어져 올림픽 정식 종목에 포함되어 있다. 가장 오래된 기록은 고대 이집트로 거슬러 올라간다. 기원전 1190년 이집트의 룩소르 사원에 검사들의 경기 모습이 조각되어 있다. 현대적 펜싱은 스페인에서 발달했다. 이후 이탈리아와 프랑스에 펜싱 아카데미가 설립되었고 전 세계적으로 알려지기 시작했다. 지금과 같은 펜싱 복장은 프랑스 루이 14세 때 시작되었고 새로운 패션으로 유행하기도 했다. 올림픽 펜싱은 플뢰레, 에페, 사브르로 나뉘어 벌어진다. 종목의 차이는 공격 범위에 있다. 플뢰레는 몸통, 에페는 전신, 사브르는 상체만 공격할 수 있다. 플뢰레와 에페가 찌르기만 가능한 반면 사브르는 베기까지 허용된다. 펜싱 검이 무르다고 생각하는 사람이 많은데 사실 펜싱 검은 사과를 관통할 정도로 예리하다.

포럼forum은 로마시대의 광장을 일컫는 '포럼forum'에서 유래한 단어이다. 포룸은 시민들이 모여 자유롭게 연설과 토론을 하던 장소였다. 오늘날 '포럼'역시 하나의 주제를 놓고 자유롭게 이야기를 나누는 공개토론이라는 점에서 포룸과 거의 비슷하다. 포럼은 전문가와 일반 참가자 그리고 사회자로 구성된다. 먼저 전문가가 10~20분 정도 발표하고 돌아가면서 발언 기회를 갖는다. 사회자는 토론이 원활하게 진행될 수 있도록 발표 시간과 횟수를 조정한다. 대표적인 포럼으로는 세계경제포럼인 '다보스포럼'이 있다. 창립자는 독일계 유대인 클라우스 슈밥이다. 1971년 창설되었다. 각국의 정관계 인사는 물론 언론인이나 경제학자 등이 참여하여 세계경제에 관해 열띤 토론을 펼친다. 2016년 이세돌 9단이 이 포럼에 참가했다.

334 ● 퓨전
fusion

퓨전Fusion은 라틴어 '퓨제fuse'에서 유래했다. '섞다'라는 뜻이
다. 사전적 의미는 '융합' 또는 '연합', '제휴' 등이다. 오늘날 퓨
전은 서로 다른 문화나 물질을 합쳐 새로운 문화나 물질을 창
조해 내는 것을 말한다. 비슷한 단어로 하이브리드, 믹스 등
이 있으며 구수한 우리말로는 '짬뽕'이 있다. 퓨전요리, 퓨전
소설, 퓨전드라마와 같이 21세기는 문화 간의 충돌로 점철되
었던 20세기와 달리 융합을 통한 창조의 세기가 될 것이라고
전문가들은 내다보고 있다. 이는 경제적 사회적 측면뿐 아니
라 유전공학과 사이버네틱스를 포함한 과학계에서 일어나게
될 혁신적인 미래상도 포함한다. 인공지능과 사이보그는 인
간의 두뇌와 컴퓨터의 융합을 넘어 인간과 기계의 융합을 의
미한다.

프랜차이즈Franchise는 프랑스어 '프랜처francher'에서 파생한 말이다. '권리' 또는 '자유'를 뜻한다. 중세 유럽에서 가톨릭교회는 세금을 징수하는 관리에게 일정한 몫을 떼어주고 나머지는 교회에 납부하도록 했는데 이 제도를 프랜처라고 불렀다. 비즈니스 차원의 프랜차이즈는 1860년 재봉틀 회사인 '싱어 미싱'의 대표 아이작 싱어가 전국 딜러들에게 판매를 대행시키면서 처음 시작되었다. 이후 KFC, 맥도날드와 같은 외식업을 중심으로 프랜차이즈 사업이 폭발적으로 늘어났다. 우리나라는 1977년 림스치킨이 프랜차이즈의 시초이며 1979년 롯데리아가 햄버거 전문 체인점 제도를 실시했다. 오늘날 프랜차이즈 비즈니스는 굴뚝 없는 사업으로 각광받고 있지만 사업주와 가맹주 간의 다툼과 관리 부실로 인한 품질 저하 문제가 드러나면서 어두운 면이 공존하는 사업으로 인식된다.

프렌드
friend

프렌드friend는 초기 독일어로 '친구, 애인'이라는 뜻이다. 우리나라에서는 '벗'이나 '동무'라는 말을 썼다. '어깨동무, 길동무, 말동무'처럼 자주 쓰던 말이다. 하지만 북한에서 '혁명을 위해 같이 싸우는 사람'이라는 뜻으로 '동무'를 쓰기 시작하자 1972년 우리 정부는 이 단어를 '친구'로 바꾸도록 지시했다. 지금은 '동무'라는 단어보다 '친구'라는 단어를 널리 쓰고 있다. '관포지교'는 친구 사이의 깊은 우정을 나타내는 대표적인 고사성어이다. 관중과 포숙의 사귐을 뜻하는 이 말은 중국 역사서 〈사기〉에 실려 있을 정도로 유명한 이야기이다. 관중은 실제 인물로 본명은 '관이오'이며 자는 '중仲'이다. 그는 친구 포숙의 도움으로 춘추시대 제나라의 재상에까지 오른 인물이다. 관중은 '나를 낳아준 사람은 부모지만 나를 알아준 사람은 포숙이다'라는 유명한 말을 남겼다.

프로듀서
producer

1956. 최초 TV드라마 '사형수(최창봉 연출)

프로듀서producer는 라틴어 'ducere 끌어당기다'에 접두사 'pro앞'와 사람을 뜻하는 접미사 'er'이 붙은 단어로 '생산하는 사람'이라는 뜻이다. 현대에는 연극, 영화, 방송, 게임과 같은 콘텐츠를 제작할 때 프로젝트를 총지휘하는 사람을 말한다. 미국의 경우 프로듀서와 연출자director를 엄격하게 구분하지만 우리나라는 프로듀서와 연출자를 거의 같은 의미로 사용한다. 우리나라 최초의 프로듀서는 최창봉이다. 그는 1956년 입사하여 프로듀서로 활동했으며 1989년부터 1993년까지 문화방송MBC 사장직을 맡았다. 유명한 프로듀서로는 〈1박2일〉, 〈삼시세끼〉, 〈신서유기〉를 만든 나영석 PD가 있다. 지금은 믿기 어렵지만 나영석은 초보 시절 현장지휘에 미숙하다는 평가를 받았다. 하지만 이후 실험적 기획으로 많은 사람들의 사랑을 받으며 승승장구했다. 그리고 마침내 2015년 백상예술대상 TV 부문 대상을 거머쥐었다.

프로필
profile

프로필Profile은 라틴어 '프로필라레profilare'에서 유래했다. '프로pro'는 '앞쪽'을 뜻하고 '필라레filare'는 '자아내다'라는 의미이다. 즉 '사람이나 사물의 앞쪽을 나타내는'이라는 뜻이다. 프로필은 프랑스식 발음이고, 영어로는 '프로파일'이라고 발음한다. 원래는 인물의 윤곽 등을 잡아내 그리는 것을 뜻하는 말이었다. 지금은 주로 한 사람을 정의하는 약력의 의미가 강하며, 한 개인의 대략적인 정보를 전달하기 위한 수단으로 많이 사용된다. 단편적인 정보(프로필)로 한 사람의 성향을 파악하는 것을 '프로파일링profiling'이라고 한다. 이 프로파일링의 개념은 범죄학으로 확대되어 이런 일을 전문적으로 하는 사람을 탄생시켰는데 바로 '프로파일러profiler'이다. 프로파일러는 프로파일링을 통해 범죄 해결의 단서를 제공하는 사람이다. '그것이 알고 싶다'라는 프로그램을 통해 널리 알려지기 시작한 직업군이다. 아직은 희귀 직업군에 속한다. 미국에서도 극소수만이 프로파일러로 활동하고 있다.

프롤로그
prologue

프롤로그Prologue 어원은 그리스어로 '앞'을 뜻하는 '프로pro'와 '말'을 뜻하는 '로고스logos'가 합쳐진 말인 '프로로고스prologos' 이다. 직역하면 '앞의 말'이 된다. 기원은 고대 그리스의 비극 이다. 고대 그리스 시대의 프로로고스는 연극의 전체 줄거리 를 설명하는 부분으로 지금의 프롤로그보다 더 큰 의미가 있 었다. 분량만 해도 1막 전체에 해당하는 양이었다. 셰익스피 어는 〈헨리 4세〉의 프롤로그로 의인화한 인물을 앞세우기도 했다. 보통 소설이나 이야기 형식의 문학 작품에 많이 쓰이지 만 요즘은 에세이나 실용서에도 프롤로그를 붙이는 경향이 있다. 프롤로그의 반대를 에필로그Epilogue라고 한다. 에필로 그는 이야기를 마무리하는 부분이다. 주의할 것은 결말과는 다른 개념이라는 점이다. 에필로그는 이야기를 마친 작가의 소회를 담거나 덧붙인 보충 설명에 지나지 않는다.

프리랜서
freelance

프리랜서Freelance는 '자유'를 뜻하는 '프리Free'와 '창槍'을 뜻하는 '랜스Lance'가 합쳐진 말이다. 한마디로 '자유로운 창' 즉 용병을 의미한다. 용병이란 개인적인 이득을 위해 계약을 맺고 전투에 참여하는 병사를 말한다. 일종의 계약직 부대라고 보면 된다. 중세 시대 군주들은 기사를 동원해 전투를 벌였다. 하지만 군주라고 해도 정규직 병사를 쓸 정도의 자산이 있는 경우는 드물었다. 그래서 자연히 스스로 말을 먹이고 관리하며 창술을 익혀 계약기간 동안 군주에게 전투 용역을 제공하는 직업적인 창기병槍騎兵들이 생겨나기 시작했다. 평상시 군사 유지비 걱정 없이 전시에만 창기병을 부르면 되므로 군주 입장에서도 나쁘지 않았다. 결국 서로의 이해관계가 맞아떨어져 용병제도가 자리를 잡게 되었다. 이것이 오늘날 프리랜서의 기원이다.

프리미엄premium의 어원은 라틴어 'praemium'이다. '보상금, 할증료'를 뜻하는 단어이다. 프리미엄의 형용사형인 'premier 프리미어'는 '최고의, 1등의'라는 의미이다. 디럭스와 프리미엄은 비슷한 말이지만 역사적으로 보면 다소 차이가 있다. 디럭스가 절대왕정 시대의 귀족들이 누린 사치 문화였다면 프리미엄은 자본주의 시대에 새로 생긴 부자계층이 절대왕정 시대의 귀족들을 따라 하려고 했던 모방의 의미를 담고 있다. 오늘날 프리미엄은 다양한 곳에서 쓰이고 있다. 부동산 시장에서 쓰이는 프리미엄은 분양가격과 매도가격의 차액, 즉 시세차익을 말한다. 일부 부동산 업자들은 이러한 시세차익을 노리고 분양권을 사자마자 웃돈을 받고 되파는 수법으로 이익을 남긴다. 영국의 최상위 프로 축구 리그를 '프리미어 리그'라고 부른다. 손흥민 선수가 활약하고 있는 '토트넘'도 프리미어 리그 소속 축구팀이다.

플래카드
placard

플래카드Placard의 어원은 정확하지 않으나 중세 네덜란드어 '플라켄placken'으로 추정된다. '풀로 붙이다'란 뜻이다. 이 말이 프랑스를 거쳐 영어의 플래카드가 되었다고 본다. 우리나라와 영어권 국가에서 말하는 플래카드는 의미의 차이가 있다. 우리는 가로로 길게 걸어놓는 현수막을 가리키는 반면 미국은 시위대가 손에 들고 다니는 널빤지인 손 팻말(피켓)을 의미한다. 그리고 우리가 쓰는 현수막이라는 표현도 정확한 표현은 아니다. 현수막懸垂幕은 '세로로 매달아 드리운 장막'이라는 뜻이므로 가로로 달아 놓은 큰 천인 플래카드는 엄밀히 말하면 현수막과도 다르다. 우리나라에서는 불법 플래카드 설치로 골머리를 앓고 있다. 불법 플래카드가 걸리면 10분도 지나지 않아 철거반이 뜯어낸다. 영원히 돌아가는 뫼비우스의 띠처럼 설치하려는 사람과 단속하는 사람 사이의 줄다리기가 매일 펼쳐진다.

피날레 finale는 '끝, 마지막'을 의미한다. 오페라의 막과 장에서 마지막 절정을 이루는 부분을 피날레라고 부른다. 교향곡의 경우 4악장, 소나타의 경우 3악장이 피날레 파트이다. 피날레는 마지막을 장식하는 파트이기 때문에 경쾌한 분위기의 곡이 많으며, 여러 명이 같이 부르는 앙상블을 포함한다. 피날레 파트에 다양한 변주를 주기도 하는데 베토벤의 〈영웅〉과 〈9번 교향곡〉이 대표적이다. 피날레의 화려한 이미지 때문에 피날레라는 말은 다양한 곳에 쓰인다. 성대한 행사나 파티의 마지막을 장식하는 퍼포먼스를 피날레라고 부른다. 모든 모임은 마지막이 중요한 만큼 사람들은 마지막을 멋지게 장식하려고 신경을 많이 쓴다. 그래서 메인이벤트나 하이라이트를 모임의 피날레로 준비하는 경우가 많다.

피라미드
pyramid

피라미드Pyramid는 그리스어로 '본받는다'는 뜻을 지닌 '피라미스pyramis'에서 유래했다는 설, 우주로부터의 수직선'이라는 뜻을 지닌 고대 이집트의 기하학 용어 '페레무스peremus'에서 유래했다는 설이 있다. 오늘날 피라미드는 거대한 사각뿔 형태의 건축물을 의미한다. 피라미드 하면 이집트의 피라미드만을 생각하는 경우가 많은데 사실 피라미드 건축물은 세계 곳곳에서 발견되는 흔한 구조물이다. 하지만 가장 유명한 피라미드는 뭐니 뭐니 해도 세계 7대 불가사의 가운데 으뜸인 이집트의 기자에 있는 쿠푸왕의 대피라미드이다. 대피라미드는 지금으로부터 4700년 전의 건축물이다. 그리스의 역사가 헤로도토스Herodotos는 쿠푸왕 피라미드에 대하여 그것은 약 10만 명의 노역자가 3개월간 교대로 20년에 걸쳐 축조한 것이라고 주장했다. 2.5톤 무게의 사각형 돌 300만 개를 사용했다고 알려져 있다.

피아노Piano는 이탈리아어 피아노
포르테Pianoforte의 준말이다. 피아
노Piano는 '약하게', '여리게'란 뜻이
고 포르테forte는 '강하게', '세게'란
뜻이다. 피아노를 처음 만든 사람은 바르톨로메오 크리스토
포리Bartolomeo Cristofori이다. 그는 1709년 쳄발로라고 불리는
악기의 몸통을 사용하여 새로운 악기를 만들었는데 여기에
피아노포르테라는 이름을 붙였다. 하지만 처음에는 인기가
없었고 모차르트Mozart와 베토벤Bee thoven 같은 거장들이 피
아노곡을 작곡하면서부터 사람들의 관심을 끌게 되었다. 피
아노는 그랜드형grand piano과 업라이트형upright piano이 있다.
그랜드형이 쳄발로에서 파생한 원래의 피아노에 가깝다. 오
늘날 피아노는 독주 악기 중에서 가장 넓은 표현 영역을 가진
악기로 사랑받고 있다. 오르간(풍금)과 헷갈려 하는 사람이
많은데 오르간은 관악기이며 피아노는 현악기로 엄연히 다른
악기이다.

346 ## 피에로
pierrot

피에로pierrot는 고대 프랑스어로 '어릿광대'를 의미한다. 17세기 프랑스에서 유행했던 코미디극의 등장인물이다. 이탈리아 배우 주제페 지라토너는 피에로를 연기하면서 흰색의 주름진 옷에 넓은 칼라의 의상을 입고 얼굴에 하얀 분장을 했다. 이것이 오늘날 피에로의 모습으로 굳어졌다. 19세기 프랑스 배우인 장 가스파르 드뷔로는 20년간 피에로 역할을 맡아 했다. 그는 사랑에 상처 입은 피에로의 이미지를 처음으로 만든 인물로 평가받는다. 익살꾼이라는 이미지 때문에 웃고 있는 피에로를 생각하는 사람들이 많지만 엄밀히 따지면 피에로는 우는 얼굴을 한 광대이다. 피에로 역을 맡은 사람은 행동으로 감정을 표현할 뿐 절대 웃어서는 안 된다. 트럼프 카드의 패 중 조커 카드에 그려진 캐릭터가 바로 광대피에로이다.

피자Pizza의 어원은 확실하지 않다.
여러 가설 가운데 그리스어 '피타
Pitta'에서 유래했다는 설이 가장 유
력하다. '납작하게 눌려진' 또는 '동
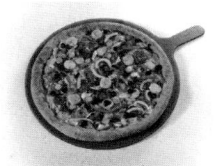
그랗고 납작한 빵'을 뜻한다. 가장 오래된 기록은 페르시아의
다리우스 황제 병사들이 방패를 이용해 구운 밀가루 반죽이
다. 병사들은 치즈와 대추야자를 얹어 먹었다고 한다. 하지
만 오늘날과 같은 피자의 형태는 18세기 말에 등장한 이탈리
아 음식인 나폴리탄 파이이다. 1899년부터 치즈가 사용되기
시작했다. 제2차 세계대전 이후 이탈리아에서 근무하던 미
군에 의해, 그리고 이탈리아 이민자들에 의해 미국으로 전파
되었다. 1905년 이탈리아인 조반니 롬바르디Giovanni Lombardi
가 뉴욕 맨해튼에 처음으로 피자점을 열었다. 하지만 근대적
의미의 첫 피자가게는 1830년 문을 연 이탈리아 나폴리의 '안
티카 피제리아 포르트알바Antica Pizzeria Port'Alba'이다. 한국에는
해방 이후 미군들에 의해 전파되었다.

348
피클
pickle

피클pickle의 기원은 네덜란드어 'pekel바닷물'이다. 이 단어가 중세 영어로 넘어가면서 양념을 의미하는 '소스'로 변했다. 피클은 소금이나 식초, 설탕 등에 절인 국물이 있는 식품을 말한다. 우리나라에서는 소금에 절인 오이를 피클이라고 말하는 경우가 많다. 피클은 상하기 쉬운 음식을 오래 보존하기 위해 고안해 낸 조리법이다. 하지만 피클 특유의 새콤한 맛 덕분에 단독 음식으로 취급받고 있다. 우리나라 사람이 좋아하는 오이피클은 유럽에서 미국으로 이민 온 이민자들 가운데 유대인들이 퍼트린 대표 음식이다. 그들은 뉴욕에 정착했는데 지금도 뉴욕의 이스트사이드 주변에는 오이피클을 파는 상점들을 많이 볼 수 있다. 오이피클 말고 유명한 피클은 할라피뇨, 올리브, 청어, 계란으로 만든 피클이다.

할렐루야
Hallelujah

할렐루야Hallelujah는 히브리어로 '찬양하라'라는 뜻의 '할렐루Hallelu'와 '하나님'이라는 뜻의 '야Yah'가 합쳐진 말이다. '하나님을 찬양하라'라는 뜻이다. 그리스어 음차인 '알렐루야'도 함께 쓰인다. 이 단어는 구약성서 시편에 23번, 신약성서 요한계시록에 4번 나오며, 유대인의 축제시祝祭詩인 할렐Hallel에도 자주 등장한다. 특히 시편 146편에서 150편까지는 온통 할렐루야로 덮여있다. 할렐루야는 기독교에서 진실 된 경배와 찬미의 의미이자 성도가 표현할 수 있는 치고의 성스러운 단어이다. 하지만 오늘날 할렐루야는 각종 교회 소식지나 인사말 또는 설교자들이 신도들과 인사할 때 쓰는 흔한 말로 바뀌었고 그에 따라 단어의 값어치도 많이 떨어졌다. 일반인들조차 탄성을 지를 때 '할렐루야!'라고 외치기도 한다. 이처럼 흔하게 쓰이는 단어로 전락한 할렐루야에 대해 기독교 교구에서는 깊은 우려를 표하고 있다.

350 할리우드
holluwood

 할리우드holluwood는 미국 캘리포니아 주 로스앤젤레스 중심부의 한 지역이다. 미국 영화산업의 중심지이기도 하다. 1853년만 해도 할리우드는 달랑 헛간 하나만 있는 곳이었으며, 1900년대 초까지 할리우드 인구는 고작 500명이었다. 캘리포니아의 온화한 기후와 풍부한 햇빛은 영화를 촬영하기 안성맞춤이었고, 많은 제작사들이 몰려들기 시작하면서 지금과 같은 영화의 도시로 발돋움했다. 유명한 배우와 실업가들이 사는 비버리힐즈가 바로 옆에 있다. 할리우드에 최초로 스튜디오를 설립한 사람은 토머스 인스이다. 그는 1912년 인스빌이라는 마을을 세웠다. 이후 1930~40년대에 걸쳐 〈오즈의 마법사〉, 〈바람과 함께 사라지다〉, 〈시민케인〉과 같은 걸작들이 쏟아져 나오면서 황금기를 맞이한다. 할리우드 힐스 정상에 있는 할리우드 사인HOLLYWOOD 입간판이 유명하다.

핫도그
hot dog

351

길쭉한 빵 속에 소시지나 야채 등
을 넣어 만든 음식의 이름인 핫도
그hot dog를 우리말로 직역하면 '뜨
거운 개'가 된다. 그런데 먹는 음

식에 왜 하필 이런 재미있는 이름이 붙었을까? 그 유래에 관
해서는 두 가지 설이 있다. 하나는 독일 음식 중 빵에 소시지
를 끼워 먹는 프랑크푸르터라는 음식이 있는데, 이 음식이 미
국에 전해지자 미국 사람들은 그것이 마치 개의 일종인 타크
스훈트처럼 생겼다고 해서 '타크스훈트소시지'라 불렀고, 먹
기 편한 이 음식은 곧 야구 경기장에서 인기를 끌기 시작했으
며, 토마스 도건Thomas Dorgan이라는 신문 만화가가 '핫도그'라
는 이름을 붙인 데서 유래했다는 설이다. 그리고 다른 하나는
1893년 시카고 식품박람회 때 처음 선보인 이 음식은 뜨거운
소시지를 빵 틈에 끼워먹는 일종의 간편식 샌드위치였는데,
이것을 먹던 한 손님이 '꼭 뜨거운 개고기hot dog를 먹는 것 같
다!'고 말한 것을 출품자가 듣고 잽싸게 상품명으로 채택했다
는 설이다.

해트트릭
hat-rick

해트트릭hat-rick은 'hat모자'과 'trick속임수, 마술'의 합성어이다. 영국의 크리켓 경기에서 3명의 타자를 연달아 아웃시킨 투수에게 주는 모자에서 유래했다. 오늘날 해트트릭은 축구 용어로 자리 잡았다. 한 경기에서 세 골을 넣은 선수를 의미한다. 아이스하키 역시 같은 용어를 쓴다. 1골이 모자란 2골은 '멀티골'이라고 부르는데 사실 이 말은 콩글리시이며 영어권에서는 '브레이스brace'라고 부른다. 그렇다면 4골은 뭐라고 부를까? 우스갯소리로 포트트릭이라고 하는데 사실 공식 명칭은 없다. 잘 일어나지 않는 일이기 때문이다. 브라질의 축구 스타이자 축구황제인 펠레는 무려 92번이나 해트트릭을 기록했다. 경기가 끝나면 경기에 썼던 공은 주최 측이 수거해 가는 것이 원칙이다. 하지만 해트트릭을 달성한 선수가 나오면 공은 그 선수가 가져가도 된다는 전통이 있다.

핸디캡Handicap은 '핸드 인 더 캡hand in the cap'의 준말이다. 이 말의 유래는 스코틀랜드이다. 스코틀랜드 남자들은 셋만 모이면 술집을 찾을 정도로 술을 좋아하였고, 술을 마신 뒤 술값을 계산하기 전에 모자를 벗어 돈을 모았다고 한다. 이때 외친 말이 바로 '핸드 인 더 캡'이었다. 돈이 많든 적든 누가 얼마를 냈는지 알 수 없기에 공평하게 마음 편히 술을 즐길 수 있었다고 한다. 오늘날 핸디캡은 성적 차이가 큰 상대에게 배려해 주는 제도를 말한다. 이러한 핸디캡을 스포츠에 도입한 대표적인 종목이 바로 골프이다. 핸디캡이 룰로 정해지면서 골프에서는 강자라고 해도 반드시 이긴다는 보장이 없다. 동양의 바둑이나 장기에도 이런 조항이 있다. 장기에서 차와 포를 떼고 둔다든지 바둑에서 화점에 흑점을 먼저 놓고 시작한다든지 하는 것이 좋은 예이다. 때로는 '자신에게 불리하게 작용하는 신체적 조건'이나 '심리적 약점'을 일컫는 말로도 쓰인다.

354 핼러윈
halloween

핼러윈halloween은 기독교 용어로 '성인聖人'을 의미하며 1745년 처음 쓰기 시작한 말이다. 'all hallow's day evening'의 줄임말로 '성인 대 축제 전야제'란 의미이다. 핼러윈 데이는 10월 31일이다. 11월 1일 시작하는 만성절all hallow's day 전날 행해지는 행사로 '크리스마스이브'와 비슷한 개념이다. 사람들은 이날 죽은 영혼이 다시 살아난다고 믿었다. 그래서 그들을 쫓아내려고 유령이나 흡혈귀 또는 해골 분장을 한다. 핼러윈은 고대 켈트족의 문화인 '삼하인samhain 축제'에서 유래했다. 이 축제가 로마 가톨릭으로 전해졌고 핼러윈 축제로 이어졌다. 핼러윈 문화가 가장 활발한 나라는 미국이다. 20세기 초 미국으로 넘어온 이민자들에 의해 빠르게 퍼져나갔다. 1930년대 이후부터 핼러윈 분장을 하고 집집마다 돌아다니며 사탕과 과자를 얻는 풍습이 생겼다. 호박으로 만든 가면인 '잭오랜턴호박등'이 유명하다.

햄ham은 영어로 '돼지 뒷다리살'을 뜻한다. 고대 아일랜드어로 '다리 고기'란 뜻이다. 오늘날 햄은 돼지고기의 넓적다리나 엉덩이 살을 소금에 절인 다음 훈연하여 가공한 보존 식품을 말한다. 돼지고기를 가공하여 섭취한 역사는 오래전으로 거슬러 올라간다. 호메로스의 시에도 나오듯이 그리스에서는 이미 기원전 1000년 경에 고기를 훈연하거나 소금에 절여 먹었다. 로마시대에는 군인의 전투식량으로 사용되었다. 이처럼 햄은 인간이 가장 오랫동안 먹어온 음식 가운데 하나이다. 맛 좋고 많은 사람이 먹는 햄은 사실 건강에 좋은 음식은 아니다. WHO세계보건기구는 햄을 발암물질 가운데 하나로 규정했다. 가공육을 하루 50g 씩 꾸준히 먹으면 대장암 발병 위험이 18%나 증가한다고 한다. 햄 제조회사들은 왜곡이라며 입장문 발표와 함께 적극 대응에 나서고 있다.

356 햄버거
hamburger

햄버거Hamburger는 '함부르거 스테이크hamburger steak'의 약어이다. 여기서 함부르거hamburger는 두툼하게 구운 고기로 요리한 '함부르크식'음식을 뜻한다. 햄버거는 이러한 함부르크식 고기 패티를 둥근 빵 사이에 끼워 만든 음식이다. 하지만 독일의 함부르거 패티 역시 몽골의 '타르타르 스테이크steak tartare'가 원형이다. 19세기 독일 이민자들에 의해 미국으로 전해졌다. 하지만 어찌 된 일인지 햄버거의 시초에 관해서는 정확히 알려진 바가 없다. 전해오는 말로는 1904년 세인트루이스 박람회 때 샌드위치 요리사가 너무 바쁜 나머지 햄버거 스테이크를 일반 고기 대신 샌드위치 빵에 넣어 판매한 것이 시초라고 한다. '햄ham'이라는 단어 때문에 햄을 넣은 버거burger로 착각하는 사람들이 많다. 우리나라는 한국전쟁 때 미군에 의해 전해졌다. 아직도 이태원이나 송탄의 미군 기지 근처에는 미국식 햄버거를 파는 가게가 남아있다.

허니문Honeymoon은 '신혼여행, 밀
월여행'을 의미하는 단어로 그 어
원은 여러 가지가 있다. 갓 결혼한
부부는 한 달 동안 꿀로 만든 술을
마셔야 한다는 관습이 있던 스칸디나비아 지방에서 유래했
다는 설과 고대 노르웨이에서 내려오는 전통으로 신부를 한
동안 숨겨두는 기간30일을 뜻하는 'hijunotts manathr'에서 왔
다는 설이 대표적이다. 이 기간 동안 신랑과 신부에게는 매일
꿀로 만든 술을 한 잔씩 주었다고 한다. 허니문이 오늘날처
럼 여행이라는 의미로 쓰이기 시작한 것은 19세기 영국의 빅
토리아 시대였다. 산업혁명 이후 교통수단이 발전하면서 많
은 신혼부부가 증기선을 타고 신혼여행을 떠났다고 한다. 일
찍이 영국의 시인이자 작가인 사무엘 존슨Samuel Johnson은 허
니문을 '사랑과 기쁨만으로 가득 찬 결혼 직후의 1개월간'으
로 정의한 바 있다.

헤게모니
hegemony

헤게모니Hegemony는 그리스어 '헤게모니아hegemonia'에서 유래했다. '권위, 지배'라는 뜻이다. 원래 헤게모니는 고대 그리스 도시국가의 주변 국가에 대한 정치적 지배를 의미했다. 맨 처음 헤게모니의 이론적 개념을 체계화한 사람은 이탈리아 공산당 창설자인 안토니오 그람시Antonio Gramsci이다. 그는 헤게모니를 단순한 주도권으로 바라보지 않았다. 자신의 자서〈옥중수고Selection from the Prison Notebook〉에 헤게모니의 정의에 관하여 설명해 놓았다. 그는 헤게모니란 지배계급이 권력을 유지하기 위해 만든 통합적 이념으로 하나의 통제 개념이라고 설명해 놓았다. 그리고 이 통제는 피지배계급의 동의하에 이루어진다고 강조했다. 즉 헤게모니는 피지배 집단으로 하여금 그것을 자연스러운 것 또는 자명한 사실로 받아들이게끔 하는 수단이라는 것이다. 하지만 21세기에 들어와 급진적인 좌파 정당이 쇠퇴함으로써 오늘날에는 잘 쓰지 않는 단어가 되었다.

헤지펀드
hedge fund

헤지펀드hedge fund의 'hedge'는 라틴어로 '울타리, 방벽'이란 뜻이다. 위험으로부터 나를 보호한다는 의미이다. 위험을 회피하려는 목적으로 만든 펀드라고 생각하기 쉽지만 오늘날 헤지펀드는 회피 목적보다는 투기적인 성격이 더 강하다. 보통 해지펀드라고 하면 소수의 투자자로부터 모은 자금사모투자자금을 국제증권시장이나 외환시장에 투자하는 사적 투자 조합을 일컫는다. 뮤추얼펀드일반적인 펀드가 주식과 채권 같은 안정적인 상품에 투자하는 데 반해 헤지펀드는 주식, 채권뿐 아니라 위험성이 높은 파생상품에도 적극적으로 투자한다. 최초의 헤지펀드는 1949년 알프레스 윈슬로우 존스이다. 그는 친구 4명으로부터 받은 6만 달러와 자기 돈 4만 달러를 출자해 최초의 헤지펀드를 만들었다. 존스가 만든 펀드는 헤지펀드라는 이름에 걸맞게 위험을 회피하면서 안정적인 수익을 만들어냈다.

헬리콥터
helicopter

헬리콥터Helicopter는 그리스어로 '나선'을 뜻하는 '헬리코helico'와 날개'를 뜻하는 '프터pter'가 합쳐진 말이다. 줄여서 '헬기'라고 부르기도 한다. 회전 날개를 돌려서 생기는 동력으로 움직이는 항공기로, 일반 비행기와 달리 수직 이착륙이 가능하며 공중에서 정지해 있을 수도 있다. 긴 활주로가 필요 없기에 산악지대나 일반 전투기가 접근하기 힘든 곳까지 이동하여 임무를 수행할 수 있다는 장점이 있다. 역사를 보면 15세기 레오나르도 다빈치까지 거슬러 올라간다. 다빈치는 자신의 노트에 지금의 헬리콥터와 유사한 비행체를 그림과 함께 설명해 놓았다. 이후 수많은 실험과 시도가 줄을 이었고, 마침내 1907년 프랑스의 폴 코르누Paul Cornu가 20초 정도의 비행을 성공시켰다. 1937년 독일의 설계사 게르만 포르케가 드디어 오늘날과 같은 형태의 헬리콥터 FA-16을 만들었고, 제2차 세계대전을 거치면서 헬기의 제작 기술은 비약적인 발전을 이룩하여 오늘날에 이르고 있다.

호치키스
Hotchkiss

361

호치키스Hotchkiss는 미국의 공학
자이자 발명가 '벤저민 호치키스
BenJamin Hotchkiss'의 이름이다. 호치
키스는 아버지의 철물점에서 여러
실험을 하던 사람이었다. 그는 1850년 총기 제작자로 이름을
날렸다. 그가 만든 총이 콜트 리벌버와 윈체스터 라이플이다.
이후 회전식 기관총을 개발했다. 이 기관총은 프랑스 군이 사
용하였고 이름을 '호치키스 기관총'이라고 불렀다. 이처럼 우
리가 아는 호치키스와 전혀 관계없는 발명가였던 그의 이름
이 오늘날 종이에 철심을 박는 스테이플러의 이름으로 사용
된 것은 미국의 한 문구 제조회사가 자신들이 발명한 종이찍
개 상품에 호치키스란 이름을 갖다 붙이면서 시작되었다. 하
지만 호치키스의 원래 이름은 '스테이플러stapler'이며 이 스테플
러는 호치키스가 태어나기도 전부터 존재하던 물건이었다.

홀로코스트
holocaust

362

홀로코스트holocaust는 고대 그리스 어 'holos전체'와 'kaustos태우다'를 합친 단어로 '대학살'을 의미한다. 제 2차 세계대전 중에 아돌프 히틀러 의 나치 독일이 저지른 유대인 학살 사건을 '홀로코스트'라고 부른다. 이 당시 학살당한 유대인의 수는 약 6백만 명으로 전체 유대인 인구의 2/3에 해당한다. 홀로코스트는 엄밀히 따지면 히틀러 한 사람이 저지른 범죄는 아니다. 당시 유럽과 독일 사회에는 인종차별주의가 팽배해 있었다. 한마디로 홀로코스트는 히틀러가 불을 질렀고 인종차별주의자들이 동조한 인류 최악의 참극이었다. 이들은 집단 학살 수용소인 '아우슈비츠'를 만들어 생체 실험과 학살을 자행했다. 생체실험을 주도한 요제프 맹겔레는 유대인을 상대로 고압병 및 얼음방 실험, 아이들의 눈에 염색약을 넣어 눈 색깔을 바꾸는 실험과 같은 극악무도하고 잔인한 많은 외과 실험을 진두지휘했다. 그는 전후 도망자 생활을 하다가 1979년 브라질 상파울루의 한 바닷가에서 심장마비로 사망하였다.

히스테리
hysterie

히스테리Hysterie는 자궁을 뜻하는 그리스어 '히스테라hystera' 에서 유래했다. 히포크라테스는 히스테리 증상이 여성에게 서 많이 나타나는 것으로 보아 자궁에 원인이 있다고 판단, 그 증상에 대하여 '자궁'이라는 뜻의 히스테리란 말을 처음 사용하였다. 정신적, 심리적 갈등 때문에 일어나는 '정신 신경 증 현상'을 일컫는 말이다. 아직도 이 병의 원인은 밝혀지지 않고 있다. 과거에는 성적인 불만족을 원인으로 보기도 했다. 한편 이 증상은 지적 수준이 낮은 사람에게 많이 나타나는 경향이 있다고 알려져 있지만 정확하지는 않다. 통증, 실신, 발작, 운동마비와 같은 증상이 나타난다. 히스테리 연구의 선구자는 프로이트이다. 그는 히스테리를 심리학 연구로까지 발전시켰다.

히어로
hero

히어로Hero는 그리스어 '헤로스 heros'에서 유래했다. '초인' 또는 '반신반인半神半人'을 뜻한다. 보통 영화나 연극, 소설 속에 등장하는 남자 주인공을 히어로hero, 여자 주인공을 히로인heroine이라 부른다. 오늘날 히어로는 '영웅'을 의미한다. 영웅 하면 두뇌나 신체적으로 남들보다 뛰어난 사람을 생각하기 마련이며 대중매체에서도 그렇게 다룬다. 그렇기에 대체로 긍정적인 의미가 강하다. 하지만 SF 소설 〈듄〉의 작가 프랭크 허버트는 영웅은 재앙을 부를 수 있는 위험성을 내포하고 있다고 주장한다. 또한 철학자이자 사학자 '토마스 칼라일'은 영웅은 뛰어난 사람의 전유물이 아니며 평범한 사람도 얼마든지 영웅적인 행동을 보일 수 있다고 보았다.

히피
hippie

히피Hippie의 어원은 다양하다. '~ 에 사로잡힌다'는 뜻의 힙트hipped 에서 유래했다는 설, 해피happy에 서 유래했다는 설, '가락을 맞추다'  란 뜻의 재즈 용어 힙hip에서 유래했다는 설 등이 있다. 히피 는 베트남 전쟁으로 인한 젊은이들의 상실감에서 시작되었다 고 보는 견해가 많다. 기존의 사회질서에 대한 부정과 자유와 평화를 중요시하는 풍조가 젊은 사람들 사이에 퍼지면서 히 피 문화가 발달하기 시작했다. 자유분방한 복식과 헤어스타 일 그리고 마약이 이들을 대변하는 중요 키워드이다. 이들은 '꽃'을 상징물로 사용한다. 폭력과 억압에 저항한다는 의미이 자 자연을 사랑한다는 뜻이다. 히피 운동의 중심지는 샌프란 시스코이다. 진보적 예술가와 성소수자 그리고 다양한 인종 이 모여 있는 곳으로 지금도 많은 이들이 이곳에서 히피 문화 를 이어가고 있다. 대표적인 히피 아티스트로는 도어즈, 지미 핸드릭스, 그레이트풀 데드 등이 있으며 때로는 '비틀즈'를 포 함시키기도 한다.

365 외래어 이야기

초판 1쇄 발행 2021년 11월 22일

지은이 박진호

펴낸이 김왕기
편집부 원선화, 김한솔
디자인 푸른영토 디자인실

펴낸곳 **푸른e미디어**
주소 경기도 고양시 일산동구 장항동 865 코오롱레이크폴리스1차 A동 908호
전화 (대표)031-925-2327, 070-7477-0386~9 · 팩스 | 031-925-2328
등록번호 제2005-24호(2005년 4월 15일)
홈페이지 www.blueterritory.com
전자우편 book@blueterritory.com

ISBN 979-11-88287-26-0 03320
ⓒ박진호, 2021

푸른e미디어는 (주)푸른영의 임프린트입니다.